From Nepal Brahmin
to Korean Pastor

수먼 고우덤

신앙과지성사

추천의 글

사랑하는 제자의 책을 기뻐하면서

이덕주(감신대 명예교수)

높을 고(高). 고우덤 수먼, 그는 세계에서 제일 높은 산들로 둘러싸인 네팔의 가장 높은 신분 계층인 브라민 가문에서 출생했다. 힌두교 사제이자 고등학교 교장이었던 아버지는 맏아들에게 기대가 컸다. 그대로 있었으면 아버지 지위와 직책을 물려받을 수 있었다. 그런데 마음씨 착한 아버지가 빚보증을 잘못 서 곤경에 처했다. 그는 대학 진학을 포기하고 아버지 빚을 갚기 위해 한국에 왔다. 안산의 가구공장에서 10년 동안 일하며 아버지 빚도 갚았고 집도 한 채 사 드렸다. 길거리에서 만난 목사님의 전도를 받고 교회에도 나갔다. 그런데 브라민 출신으로 이국땅 노동자로 산다는 것이 쉬운 일은 아니었다. 욕설과

구타, 모멸과 수치는 둘째치고 임금체불에다 불법 체류자 신세가 되었다. 실패한 인생이란 자괴감에 자살을 시도했다. 그러나 그것마저 실패했다. 그렇게 "아무것도 할 수 없다."는 절망의 순간, 어둠 속에 빛으로 오신 예수님을 만났다!

물 수(水). 그분을 만난 후 "돈 많이 벌어 부자 되겠다."는 꿈을 접었다. "나도 그분처럼 살겠다."는 새로운 목표가 생겼다, 그래서 고향으로 돌아가 한국인 선교사의 추천을 받아 서울 감리교신학대학교에 입학하였다. 그 사이 고향의 아버님이 돌아가셨다. 그러나 "기독교인은 집 안에 들어올 수 없다."는 친척과 주민들의 반대로 동구 밖에서 눈물로 기도만 했다. 이후 신학 공부 10년간 어려운 고비 때마다 곁을 지켜 준 아내(박옥례)가 있었고, 천사처럼 도와주는 목회자와 교인들이 있어 대학원까지 마치고 선교사 훈련을 받은 후 한국 감리교회 파송을 받은 선교사로 네팔에 돌아왔다.

가득 찰 만(滿). 막상 그는 후원교회도, 선교비를 대주는 단체도 없었다. 그저 부부가 기도 하나로 교회를 시작했다. 기도의 이적이 나타나 1년 만에 50명이 넘는 신도가 생겼다. 카트만두 감리교신학교에서 강의도 시작하여 교무처장과 학장을 거쳐 총장이 되었다. 이후 10년 동안 네팔 신학교와 교회를 도우려는 한국교회의 후원 사역이 그를 통해 이루어졌다. 그 사랑의 후원은 네팔 지진 때 꽃을 피웠나. 그 사이 미국 워싱턴디시의 웨슬리신학대학원에서 박사학위((D.Min)를 받았다. 그리고 떠밀려 네팔 감리교회 감독까지 되었다. 기대 이상으로 '차고 넘치는' 은혜의 물결이었다.

상선약수(上善若水). 도덕경에 나오는 글귀다. "상선약수(上善若水)라. 수선리만물이부쟁(水善利萬物而不爭)이니 처중인소오불염(處衆人所惡不厭)이라." 풀이하면, "지극히 착한 사람은 물과 같다. 물은 만물을 이롭게 하면서도 다툼이 없다. 남들이 있기 싫어하는 곳에 있으면서도 투덜거리지 않는다." 물은 높은 곳에서 낮은 곳으로 흘러간다. 어느 곳에 있든 낮은 자세로 불평이나 다툼 없이 남을 살리는 일에만 몰두한다. 그것이 곧 그리스도께서 보여주신 '비우고 낮아지는'(빌 2:7-8) 온유와 겸비다. 브라민 사제 집안에서 태어나 가구공장 노동자로 낮추셨다가 감리교 목사기 되어 감독의 자리까지 올리신 그분께서 그에게 원하시는 것도 그것일 것이다. 그래서 그의 한국 이름을 고수만(高水滿)이라 지어 본다.

책을 읽고

하나님의 미스터리

허요환(안산제일교회 위임목사)

제가 사는 안산은 국제도시입니다. 2023년 11월에 행정안전부에서 발표한 통계 자료(2022년 11월 1일 기준)에 따르면, 안산 전체 인구의 14%가 넘는 10만 명 이상의 외국인이 살고 있습니다. 안산은 한국의 다문화 담론을 이끄는 현장입니다. 그리고 안산은 하나님의 선교(Missio Dei)의 새로운 패러다임이 펼쳐지는 도시입니다. 한국교회는 세계 곳곳으로 선교사를 파송하여 복음을 전하는 일에 최선을 다했습니다. 놀랍게도 이제는 세계의 젊은이들이 안산을 비롯해 한국으로 몰려오고 있습니다. 수먼 목사님 역시 그들 중 한 명이었습니다. 돈을 벌기 위해 한국을 찾았고, 안산에서 일했고, 하나님을 만났습니다. 평생의 동반자를 만났고, 교회들을 만났고, 신실한 성도들을 만났습니다. 이 책은 그 만남 중 극히 일부분을 소개합니다. 네팔의 브라만 청년이 안산의 노동자가 되고, 목사가 되고, 네팔의 기독교 지도자로 세움받는 과정을 담백하게 전합니다.

순식간에 독서를 마친 후, 딱 한 단어가 떠올랐습니다. '미스터리.' 하나님의 계획은 '미스터리'합니다. '미스터리'를 그럴듯한 우리말로 표현하자면 '비밀'이요, 다소 거칠게 번역하면 '미궁'입니다. 수먼 목사님의 걸어온 길 역시 그러합니다. 한 편으로는 닫혔던 커튼이 조금씩 열리며 하나님의 비밀이 드러나는 로맨틱한 드라마요, 또 한 편으로는 전능자의 속셈이라는 미로에서 이리저리 헤매는 스릴러 영화입니다. 이 책을 읽는 독자들은 수먼 목사님과 함께하신 하나님의 미스터리를 생생하게 맛보실 겁니다. 그리고 발견하실 겁니다. 우리의 삶 속에 가득한 그분의 비밀과 알쏭달쏭한 미궁을. 한국교회의 다문화사역이 중요한 이유를 알기 원하는 분들에게, 그리고 하나님의 미스터리를 사모하는 모든 분에게 일독을 권합니다.

감사의 글

진실한 삶의 길을 가겠습니다

저를 전도하신 평촌교회 박웅걸 목사님(당시엔 전도사님), 만날 때마다 격려해주신 평촌교회 이윤석 집사님(현재는 목사님), 세례 및 기독신학교 다닐 때 도움을 주신 평촌교회 고(故) 고준규 목사님, 낯선 한국에서 정을 느낄 수 있게 해주었던 평촌교회 청년부 떡떼사(떡을 떼는 사람들)와 조용호 청년(현재는 목사님), 네팔 친구인 까지 구룽, 세신교회 김종수 원로목사님을 비롯한 김종구 담임목사님과 성도님들, 세신교회 김경훈 목사님과 이명식 목사님, 세신교회 파송 네팔선교사 임근화 선교사님, 서후현 목사님. 모두 한국이 또 하나의 고향이 될 수 있도록 많은 사랑과 도움을 주셨습니다.

영적인 아버지이자 스승인 이덕주 교수님, 박대인 목사님과 아버지 박광수 목사님, 대한수도원 박명희 원장님, 네팔 세계선교교회 건축과 지속적인 기도와 후원을 해주고 있는 꽃재교회 김성복 목사님과 조신원 목사님, 상인호 목사님, 장로님들, 성도님들의 진심 어린 사랑과 기도는 늘 마음에 새기고 있습니다.

　네팔 사랑선교회 김기택 감독님, 임정빈 목사님과 선교회 회원님들, 네팔의 시골 마을에 감리교회를 건축하신 인천 은혜교회 백덕기 목사님, 청량리교회 박대일 목사님, 안국교회 김성식 목사님, 어린이들을 위한 장학금을 주신 약대교회 송규의 목사님, 양문교회 원영만 목사님, 원용득 집사님, 강주은 집사님, 광서교회 이훈희 목사님, 성경이 역사하는 교회 윤동현 목사님, 행복한 교회 성백 목사님, 광서교회 김경순 권사님, 인천 필그림교회 김현석 목사님, 홍천 만민감리교회 전완 목사님, 저를 네팔 예배 사역자로 불러주시고 많은 사랑을 주신 안산제일교회 고훈 원로목사님과 허요한 담임목사님, 김기문 장로님, 서울 광림교회 김정석 담임목사님과 청년부 담당 김주송 목사님, 감리교 선교국 총무 태동화 목사님과 세계선교사역 부장 남수현 목사님, 선교행정부장 문희인 목사님, 세계선교정책부장 이강희 목사님. 변함없는 관심과 기도를 해주고 계십니다.

염창교회 장관영 목사님과 최재학 장로님, 강영구 장로님, 정승중 장로님, 정상천 장로님 외 모든 장로님과 권사님, 집사님들은 네팔에 교회를 건축하셨고, 웨슬리신학교 신경림 부총장님은 박사 과정을 무사히 마칠 수 있도록 많은 도움을 주셨습니다. 교회 건축과 구급차를 기증해주신 일산 광림교회 박동찬 목사님, 천안 하늘중앙교회 유영완 감독님과 선교회 모든 목사님들은 네팔신학교에 많은 관심과 기도로 함께해주고 계십니다.

이철 감독회장님과 이용윤 목사님 외 연회의 모든 감독님과 목사님들, 학교에서 공부하는 동문들, 특히 감신대 03학번 동기들, 감리교 선교사훈련원 강연희 목사님과 함께 계신 모든 분들, 늘 기도와 관심 가져주서서 감사합니다. 뉴저지 가스펠미선교회 이기성 목사님과 최진성 장로님, 네팔에 오셔서 제자훈련과 목회자 훈련에 많은 도움과 기도해주셨습니다. 보문제일교회 신태식 목사님, 인천 선린감리교회 권구현 목사님, 부산 온누리교회 박성수 목사님, 혜명교회 송윤범 목사님, 세원교회 이주용 목사님, 월곡교회 최복규 목사님, 예광교회 최상윤 목사님, 용산교회 민경삼 목사님, 화영교회 최상훈 목사님, 대원교회 임학순 목사님, 안양감리교회 임용택 목사님, 과천 은파교회 김정두 목사님, 새소망교회 한태수 목사님, 춘천 창대교회 이성신 목사님, 수원 목양교회 유태민 목사님은 네팔 사역을 위해 늘 아낌없는 기도와 사랑을 주고 계십니다.

정말 많은 분의 도움이 있었습니다. 수천 번, 수만 번을 말해도 그 감사함을 다 표현할 수 없습니다. 제 평생에 다 갚을 수 없는 사랑과 은혜입니다. 행여나 저의 기억력의 한계로 빠뜨린 분이 있다면 너그러운 용서와 이해 부탁드립니다. 또한 제가 직접 언급하지는 못했지만, 드러내지 않고 저와 네팔, 네팔교회와 신학교를 위해서 기도와 후원을 아끼지 않은 많은 성도님들이 계심을 압니다. 마음을 다해 감사드립니다. 어두움에 밝은 빛을 비춰주시고 작은 신음에도 응답하시는 하나님, 그 하나님 안에서 여러분을 위해 저 또한 기도합니다. 사랑하고 감사합니다.

부끄러운 이야기를 책으로 만들어 주시기 위해 애를 많이 쓰신 최병천 장로님과 출판사 직원들에게 감사합니다. 네팔까지 와서 제 이야기를 듣고 정리해준 리연 자매와의 만남도 소중하고 즐거웠습니다. 고맙습니다. 지금은 세상을 떠나셨지만 따스한 성품과 긍정적인 유전자를 물려주신 부모님, 네팔 곳곳에 흩어져 살고 있는 형제자매들, 한국에 있는 장모님과 처가 식구들. 제가 좀 더 성실하게 살아가는 힘과 사랑의 근원입니다.

늘 위안과 힘이 되는 아내 박옥례. "당신은 내 인생의 가장 커다란 행운이자 기적이야." 사랑하는 딸 소피아. "우리에게 보내주신 하나님의 선물인 소피아, 언제나 네 꿈을 응원하며 기도한다." 딸 같은 조카 딕챠. "학교 다니면서 선생님으로 일하느라 힘들지? 하나님을 점점 알아가는 네 모습이 대견하다."

마지막으로 네팔에서 함께 동역하는 이종원 선교사님, 최고임 선교사님, 아브람(정형성) 선교사님, 이대현 선교사님, 네팔 감리교회의 모든 목사님, 네팔신학교에서 온 힘과 마음을 기울여 사역하고 있는 교수님들과 학장 러메스 목사님, 직원들, 학생들, 세계선교교회 믿음의 가족들. 당신들은 제게 언제나 큰 힘과 위안입니다. 사랑합니다.

지금의 제가 있는 것은 모두 하나님의 은혜이며 돌보심입니다. 또한, 하나님의 마음으로 사랑과 기도, 후원을 아끼지 않은 한국교회와 모든 목사님, 성도님들 덕분입니다. 여러분이 없었다면 수먼도 없었습니다. 사랑과 존경의 마음을 드립니다. 하나님 안에서 언제나 평안하시고 강건하시기를 기도합니다. 감사합니다.

프롤로그

모든 것이 하나님의 은혜입니다

지난 4월 연회에 참석하기 위해 한국에 갔을 때였습니다. 네팔신학교로 3천 권이 넘는 영어 원서를 보내주셨던 '신앙과 지성사' 대표이신 최병천 장로님을 찾아뵈었습니다. 이야기를 나누는데 갑자기 장로님께서 "수먼 목사님이 한국에 노동자로 와서 목사가 된 이야기, 책으로 만들면 어떨까?"라고 말씀하셨습니다. 처음에 저는 손사래를 치며 그런 깜냥은 안 된다고, 전혀 특별할 것이 없다고 말씀드렸습니다. 사실이었습니다.

그런데 어쩌다 보니 이렇게, 쓰게 되었네요. 하지만 제가 잘났거나 성공했다는 이야기를 하고 싶어서가 아닙니다. 장로님 말씀대로, 제가 하나님과 한국교회의 은혜로 여기까지 왔음을 감사하고 싶어서입니다. 딸랑 이 책 한 권으로 어떻게 다 표현할 수 있겠습니까. 하지만 많은 한국 감리교회와 목사님들, 성도님들, 교수님들에게 정말 많은 관심과 사랑, 도움을 받았다고, 정말 감사하다고 말씀드리고 싶습니다. 아주 미미하고 부족한 표현이지만 말입니다. 이 책을 통해서 하나님의 영광만이 드러나기를 기도합니다. 하나님께서 하신 일들은 단순히, 수먼이라는 한 사람을 살린 것을 넘어서 나라와 나라의 경계를 허물고, 모든 나라가 하나님의 한 나라임을 알게 하셨습니다. 우리는 그 나라에서 자유롭고 행복하게 살아가는 형제자매인 것이지요.

제 고향은 네팔의 수도인 카트만두에서 버스를 타고 가면 사흘(요즘엔 이틀 정도)이 걸리는 '모라항'이라는 곳입니다. 지금도 도로 사정이 좋지 않아서 의자에 가만히 앉아 있으려고 해도 나도 모르게 두 발이 폴짝거릴 정도로 버스가 흔들립니다. 하지만 자연의 너른 품과 온 계절을 담고 있는 히말라야가 보이는, 정말 아름다운 곳입니다. 저는 그 마을에서 힌두교 브라민 집안에서 태어나 한국으로 떠나게 되는 스무 살까지 살았습니다. 고향을 벗어나 처음 살아 본 곳이 한국이었지요. 그 시골에서 처음 한국에 갔을 때 많이 다른 모습에 놀랐고, 나도 돈을 많이 벌어서 이런 도시, 깨끗하고 넓은 도시의 큰집에서 살고 싶은 생각이 들었습니다. 그러니 돈을 더 많이, 부지런히 벌어야겠다고 다짐했지요. 하지만 하나님은 다른 계획이 있으셨습니다.

    한국은 제게 또 하나의 고향이자, 새로운 인생을 시작하게 해준 나라입니다. 하나님은 제가 믿지 못하고 방황할 때, 꿈과 확신으로 길을 보여주셨습니다. 주의 길을 가겠다고 했을 때 가진 것이 하나도 없었지만, 하나님은 당신의 사람들을 보내셔서 같이 걷게 하실 뿐만 아니라, 저를 먹이시고 필요함을 채우게 하셨습니다. 갓난아기가 사랑과 돌봄, 젖으로 자라는 것처럼 아무것도 몰랐던 제가 감리교 목사가 되기까지 여러분이 신앙의 부모, 때로는 형제자매가 되어주었습니다. 그 사랑과 헌신에 보답할 자신도 능력도 없음을 솔직하게 고백합니다. 다만, 제가 받았던 은혜를 잊지 않고, 네팔에서 비난과 핍박을 받으며 신앙을 지키고 있는 사람들, 아직 하나님을 모르는 많은 사람을 위해 멈추지 않고 계속 걷겠다는 약속은 드릴 수 있습니다. 그 길을 위해 계속 기도와 관심 부탁드립니다.

2024 여름, 네팔 세계선교교회 목양실에서
수먼 고우덤(Suman Gautam) 드림

차례

추천의 글 · 03
책을 읽고 · 06
감사의 글 · 08
프롤로그 · 13

01 네팔에 교회를 짓겠다고요? · 19
02 예배를 드리는 중에 찾아온 지진 · 31
03 울먹이는 김성복 목사님 · 39
04 교회를 증축하면 어떨까요? · 44
05 선교, 돈이 다가 아님을 깨닫다 · 51
06 고향을 떠나다 · 56
07 한국, 운명처럼 찾아오다 · 61
08 천국과 지옥을 오가다 · 67
09 생김새는 비슷한데 말은 전혀 다른 나라 · 73
10 어디에서 왔어요? · 81
11 칼과의 동침 · 88
12 불법체류자라고요? · 95
13 죽기 좋은 날 · 102
14 하나님이 까마귀를 보내다 · 107

15 이 사람이야! · 112
16 네팔 성경책 좀 다오 · 120
17 아버지 장례식장에서 쫓겨나다 · 128
18 너를 잊지 않았단다 · 134
19 진짜 가족이 되어준 사람들 · 139
20 바울과 디모데처럼 · 146
21 남동생과의 갈등 · 151
22 주만 바라볼지라 · 160
23 찜찜한 이중 생활 · 166
24 2011. 6. 4 · 172
25 목사가 되다 · 179
26 즐거운 교회 생활 · 183
27 네팔신학교는 나의 운명 · 192
28 호흡기를 떼겠습니다 · 201
29 성장하고 있는 네팔 감리교회 · 205
30 소피아의 선택 · 212
31 한국과 네팔 감리교회를 향한 하나님의 비전 · 215
32 믿음의 가족을 꿈꾼다 · 221

에필로그 네팔의 태양이 솟아오르듯이 · 227

1

네팔에 교회를 짓겠다고요?

　이른 아침부터 비가 엄청나게 퍼붓기 시작했다. 중요한 행사가 있는 날인데, 이렇게 비가 많이 내리면 제대로 진행이 될까? 걱정이 앞섰다. 오늘을 위해서 한국에서 많은 손님이 오셨는데 말이다. 먹구름처럼 마음이 무거웠다. 하지만 그건 말 그대로, 기우였다. 이 또한 하나님의 계획이심을, 은혜의 단비임을 얼마 지나지 않아 깨달았다.

　2014년 4월, 연회에 참석하려고 네팔에서 사역 중인 박대인 선교사님과 한국에 갔다. 도착하고 며칠 후, 박 선교사님의 아버지인 박광수 목사님이 전화하셔서 "해외에 교회를 건축하려는 교회가 있어요. 내가 이야기해 뒀으니까 수먼 목사가 가서 인사 한번 드려요"라고 하셨다. "아, 네. 알겠습니다…." 너무 갑작스러운 말씀이어서 자세한 사항을 여쭤보지도 못한 체, 전화를 끊었다. 네팔에서 다른 교회 건축 현장에 여러 번 갈 기회가 있었다. 솔직하게, 그때마다 '우리도 교회 건축하고 싶다'라는 생각이 들긴 했었다. 하지만 그럴만한 형편이 되지 않았기에 선뜻 찾아갈 용기가 나지 않았다. 박 선교사님에게 전화해서 사정을 말씀드렸다.

"네팔에서 교회 건축하기 힘들잖아요. 재정은 물론이고 땅도 없고요. 더군다나 교인은 20명 남짓밖에 되지 않는데, 어떻게 교회를 지어달라고 하겠어요? 죄송해서 그럴 수 없어요."

열악한 상황이었기에 교회 건축은 꿈도 꾸지 못할 일이라고 생각했다. 네팔과 내 형편을 너무 잘 알고 계신 박 선교사님이 당신의 아버지와 통화해보겠다면서 전화를 끊었다. 그런데 잠시 후 전화하신 박 선교사님은 어쩔 수 없다는 듯이 "수먼 목사, 내일 한번 가봐야겠는데? 나랑 같이 가자"라고 말씀하시는 것이 아닌가. 두 분이 어떤 말씀을 나눴는지, 박 목사님이 어떤 계획으로 말씀하셨는지는 모르겠지만, 일단은 말씀대로 하기로 했다. 기대나 바람이 있었던 것은 아니었다. 나를 생각해 주시는 박 목사님의 마음이 감사했고, 어르신의 말씀에 순종해야

해서였다.

나음 날, 별다른 기대 없이 박 선교사님을 따라나섰다. 왕십리에 있는 꽃재교회였다. 한눈에 봐도 깔끔하고 단아한 인상을 한 젊은 목사님이 웃으며 반겨 주셨다. 김성복 담임목사님이었다.

"어서 오세요. 반갑습니다. 오시느라 수고가 많으셨지요."

인사를 나누고 대화하면서 김 목사님과 꽃재교회의 비전에 대해 듣게 되었다.

"저희는 매년 사순절 기간에 특별새벽기도회를 하고 있어요. 그때마다 성도님들이 헌금을 합니다. 새벽에 일어나서 새벽기도회에 참석하는 게 얼마나 힘듭니까. 특히 요즘 같은 시대에는 더욱 그렇죠. 기도회를 마치고 바로 출근하는 성도님들도 많고요. 힘들지만, 예수님의 고난에 동참하는 마음과 회개하는 믿음이 그걸 이겨내게 하는 거죠. 귀한 시간뿐 아니라, 우리가 가진 것을 하나님께 드리는 헌금을 좀 더 의미 있고 귀한 사역을 하는 곳에 사용하고 싶은 마음이 들더라고요."

새벽잠을 이겨내는 게 얼마나 힘든지 나도 알고 있기에 성도님들의 믿음이 참으로 대단하게 느껴졌다. 김 목사님은 계속 말씀하셨다.

"그런데 몇 해 전 기도하는 중에 해외 선교지에 교회를 건축하면 좋겠다는 마음이 들었어요. 해외 선교를 해오면서 조금 부족한 게 있는 것 같았거든요. 저는 하나님이 주신 마음이라 생각하고 장로님들과 상의했습니다. 감사하게 장로님들께서도 같은 비전을 품고 계셨고, 교회 성도님들도 흔쾌히 동의해 주셨어요. 그렇게 해서 사순절특별새벽기도회의 헌금으로 해외에 교회 건축을 시작하게 되었습니다. 그리고 올해는 네팔에 교회를 건축하려고 수먼 목사님을 뵙자고 했습니다."

마음 깊은 곳에서 감동이 올라왔다. 하나님의 마음을 품고 살아간다는 게 이런 것인가 보다, 생각하면서 김 목사님에게 말씀드렸다.

"목사님과 성도님들의 믿음과 결단이 참 은혜롭고 감사합니다. 대부분 내 교회만 키우려고 하는데 말이에요. 그런데 목사님, 네팔에 교회를 건축하는 게 쉽지 않아요. 건축 허가를 받는 것도 힘들고요. 솔직히 말씀드리면, 제가 지금 사역하고 있는 세계선교교회에는 성도가 스무 명 정도이고 부흥할 거라는 보장도 없습니다. 힌두교가 깊은 땅에서 기독교를 전파하는 것 자체가 어려우니까요. 또 목사님과 꽃재교회는 저라는 사람도 잘 모르시고요. 괜히 꽃재교회에 폐를 끼치는 것 아닐지 걱정입니다."

나는 목사님께 현실적으로 어려운 상황을 솔직하게 말씀드렸다. 그 일을 감당할 수 있을지 나도 나 자신을 믿을 수 없기도 했다. 사실은 네팔에서 교회를 건축할 뻔한 적이 있었다. 한 선교사님이 "수먼, 교회 지을 땅 좀 알아봐. 후원할 교회 연결해줄게"라고 말씀하셔서 준비하고 있었다. 그런데 두 달쯤 후에 선교사님이 연락하셔서 다른 곳에 교회를 짓기로 했다고 하셨다. 모든 것이 하나님의 뜻이라고 생각하면서도 인간적으로는 섭섭하고 상처가 되었었다. 마음은 바로 회복되었지만, 그때 이후로는 교회 건축에 대해 아예 생각하지 않고 지냈다. 결단을 내리지 못하고 자신 없어 하는 내게 김 목사님이 웃으며 말씀하셨다.

"제가 목사님을 잘 모르듯이 목사님도 저를 잘 모르시지요. 하지만 하나님은 우리를 잘 아시지 않습니까? 우리는 같은 하나님을 믿고요. 함께 기도하며 네팔에 교회를 건축합시다. 함께 하시는 하나님을 믿고 의지합시다. 원래 다른 곳에 건축하려고 했었는데, 진행이 잘되지 않았어요. 수먼 목사님과 연결이 되려고 그랬나 봅니다. 하나님의 계획이시겠죠?"

김 목사님은 네팔의 상황을 들으시고도 전혀 개의치 않고 오히려 여유 있어 보였다. 목사님 말씀대로 우리는 서로에 대해 잘 몰랐다. 내가 꽃재교회 파송 선교사도 아니었고, 한국에 있을 때 서로 교제하면서 신뢰를 쌓아온 사이도 아니었다. 그런데 뭘 믿고, 그 큰일을 내게 맡기신다는 걸까? 오직 하나님만 믿고 의지하고 결정하게 된, 어찌 보면 모험이었다. 네팔은 여전히 기독교가 불법이고, 교회를 짓는다고 하면 땅도 사기 힘들 뿐 아니라, 주변에 사는 사람들도 매우 싫어하기 때문이었다. 여전히 얼떨떨해 있는 나를 보시면서 김 목사님은

"저희는 목사님이 교회를 건축하는 거에 아무것도 관여하지 않겠습니다. 어디에 땅을 사서, 어떤 모양으로 짓는지 말이에요. 하지만 내년 5월쯤에는 네팔에서 봉헌 예배를 드릴 수 있게 해주시면 좋겠습니다"라고 말씀하셨다.

목사님과 교회는 이미 결정을 하고 나를 만났구나, 라는 느낌이 들었다. 어떤 경로로 나를 알게 되었는지는 말씀하지 않으셨다. 하지만 그 이후로 목사님과 교세하며 지내보니, 해외 선교에 대한 사명감과 추진력이 넘치는 분이셨다. 또한, 교회를 건축하고 끝나는 게 아니라, 현지 교회에 더 필요한 건 없는지, 어려움은 무엇인지 등 세세하게 마음 써주시고 돌보아 주셨다.

그렇게 해서 힌두교의 땅, 3억 3천의 신이 있는 땅인 네팔에 하나님의 교회를 세울 첫 발걸음을 떼게 되었다. 하나님의 전적인 은혜로 이루어질 거라고 믿었지만, 근심이 전혀 없는 건 아니었다. 나는 김성복 목사님에게 부탁드렸다.

"목사님, 이 은혜를 어떻게 감사드려야 할지 모르겠습니다. 저도 하나님만 믿고 교회 건축에 힘쓰겠습니다. 교회 건축이 순조롭게 진행될 수 있도록 예배 때마다, 모임 때마다 함께 기도해 주십시오. 저도 세계선교교회 성도들과 함께 같은 마음으로 늘 기도하겠습니다."

네팔에서 교회 건물을 짓기 위해서 정부의 승인과 건물이 들어설 마을 사람들의 동의가 필요하기 때문이었다. 이젠 정말, 기도밖에 할 게 없었다. 사람이 계획할지라도 그 길을 인도하시는 분은 하나님이시니. 자신 없어서 움츠려 있던 내게 손을 내밀어 주신 김성복 목사님과 꽃재교회의 믿음과 사랑으로 나는 힘을 얻어 새로운 희망과 도전으로 가득 차게 되었다.

네팔로 돌아온 후 교회를 건축할 땅을 알아보기 시작했다. 당시 우리는 카트만두 부근에 있는 6층짜리 건물 꼭대기 층에 세를 들어서 예배를 드리고 있었다. 건축할 땅은 너무 비싸지 않으면서도 주변에 방해 요소가 없는 곳이어야 했다. 여러 부동산과 지인들에게 사정을 얘기해 놓고 기도하며 기다렸다.

어느 날 적당한 곳을 소개받았다. 카트만두와 아주 많이 멀지도 않았고, 마을에는 몇 가구 살고 있지 않았다. 주변에는 이제 막 주택이 한두 채 지어지고 있어서 빈 땅이 많았고, 땅값도 알맞았다. 또한, 내가 동역하고 있는 네팔 감리교신학교와도 가까웠다. 김성복 목사님에게 상황을 알려드렸다. 목사님은 무조건 "좋습니다"라고 하시면서 조만간 기공 예배차 네팔에 오시겠다고 했다.

관청에 2층 건물을 짓겠다고 신고를 했다. 1층은 교육관 겸 식당과 기도실, 2층은 예배당과 유아실을 만들 생각이었다.

그리고 그해 8월, 기공 예배를 위해 꽃재교회 김성복 목사님과 장로님, 권사님들이 오셨다. 그런데 예배당일, 비가 막 쏟아졌다. 전날까지는 날씨가 매우 좋아서 불편함 없이 함께 여러 곳을 다녔는데 말이다. 바람까지 불어서 우산도 소용없었다. 우리는 비에 홀딱 젖었다. 갑자기 하나님이 원망스러워져서 속으로 물었다.

'교회를 건축하게 하신 건 하나님 아니셨나요? 그럼, 모든 걸 순조롭게 해주셔야 하는 거 아닌가요? 첫 삽을 뜨는 날인데 이렇게 비가 많이 내리면 어떻게 합니까.'

김 목사님을 비롯한 함께한 분들에게 죄송한 마음이 들어서 어찌해야 할지 몰랐다. 비가 좀 그치기를 기다려 볼까? 생각이 들기도 했다. 이런 내 마음을 눈치채셨는지 김 목사님께서 말씀하셨다.

"수먼 목사님, 예정대로 진행합시다. 비가 언제 그친다는

기공 예배에 참석한 꽃재교회 김성복 목사님과 성도님들

기약도 없고, 또 예상치 못하게 흘러가는 게 우리 인생 아니겠습니까. 하나님의 계획하심이 있겠지요."

다른 분들도 모두 괜찮다고 하셨다. 우리는 빗물이 고이고 흙탕물이 튀는 허허벌판에서 예배를 드렸다. 찬양도 기도도 말씀도 빗소리에 묻혀서 잘 들리지 않았다. 다시 원망이 슬그머니 올라오려던 순간, 마음속에 하나님의 음성이 들리는 듯했다.

'날씨가 화창하면 어땠을 것 같니? 동네가 조용했을까?'

그때 깨달았다.

'아! 은혜의 비로구나. 이렇게 비가 많이 내리니 사람들이 돌아다니지 않네. 그러니 우리가 지금 뭘 하는지 모르겠구나. 이 자리에 교회를 지으려고 한다는 걸 말이야. 예배 소리도 빗소리에 묻히니 더욱.'

건축 허가를 받긴 했지만, 마을 사람들은 그 건물이 교회인지 모르는 상태였다. 기본적으로 기독교에 대한 반감이 깊숙이 깔린 나라에서는 모든 게 조심스러울 수밖에 없기 때문이었다. 언제, 누가 달려와서 방해할지도 모르는 현실(이전에 영성원을 건축하면서 많은 어려움을 겪어봤기에 그렇다. 이에 관련된 이야기는 뒷부분에 나온다)에서 하늘에 구멍이 난 것처럼 쏟아지는 비는 사람들의 접근과 귀를 막아주었던 것이다. 하나님의 은혜였다. 내가 원망했던 비는 사실 은혜의 비였다. 마음속에서부터 터져 나오는 감사함이 눈물이 되었다. 이토록 세세하게 인도하시는 하나님이라니. 나는 기도했다.

'하나님, 감사합니다. 이 일이 하나님의 계획과 인도하심이라는 것을 깊이 깨닫습니다. 다시는 의심하지 않고 믿으며 하나님만 의지하겠습니다.'

함께 예배하는 모두 감격스러워서 얼굴이 환했다. 옷과 신발은 비에 젖었지만, 우리의 마음은 하나님의 단비로 푹 젖어 있었다. 이 교회를 통해서 하나님의 역사하심이 이루어질 것을 기도했다. 우리가 먼저, 그다음엔 마을이, 그리고 이 나라가 하나님을 참되고 유일한 신으로 고백하게 될 날이 속히 오기를.

2

예배를 드리는 중에 찾아온 지진

건축 허가도 공사도 순조로웠다. 이대로라면 예정대로 봉헌 예배를 드릴 수 있을 터였다. 건물이 어느 정도 모습을 갖춰 가기 시작했다. 1층 바닥과 기둥, 천장이 마무리되었다. 건물 안에는 아무것도 채워지지 않았지만, 형태가 갖춰진 것만으로도 감격스러웠다. 문득, 여기에서 예배를 드려도 되지 않을까? 생각이 들었다. 아내도 좋다고 했다. 다음 주에는 6층에 있는 좁은 방에서가 아니라, 새로 지어진 교회 건물에서 예배를 드리기로 하고 성도들에게도 알렸다.

시멘트 바닥에 앉아서 드리는 예배였지만, 우리는 모두 상기된 표정이었다. 이제 우리가 마음 놓고 하나님을 예배할 수 있겠구나, 주변의 눈치 없이 소리 높여 찬송하고 기도할 수 있겠구나. 성도들도 모두 표정이 밝았다. 우리의 예배 처소를 허락해 주신 하나님의 은혜에 감사하며 시작한 예배가 막바지에 다다랐다. 갑자기 건물이 흔들리기 시작했다. 그 흔들림이 너무 커서 금방이라도 천장과 벽이 무너지고 바닥이 갈라질 것 같았다. 갑작스러운 상황에 모두 놀라서 소리를 지르며 건물 밖으로 뛰쳐나갔다. 하지만 숨을 데도 갈 데도 없었다. 온 동네가 마찬가지였다. 멀지 않은 곳에서 쿵쾅거리며 부서지고, 무너지는 소리도 들리는 듯했다. 무섭다는 말로는 표현이 어려웠다.

지진이었다! 2015년 4월 25일 토요일 오전 11시 55분경, 카트만두 서쪽 80km 지점에서 규모 7.9, 진원 깊이 15km인 지진이 발생했다. 네팔은 이 지진으로 큰 피해를 당하였다. 많은 인명 피해가 있었고, 14만 채 이상의 가옥과 학교 5,000여 개가 파괴되었다. 뉴스는 인접 국가인 인도, 티베트, 방글라데시에서도 사망자를 비롯한 큰 피해가 있었다고 보도했다.

강력한 첫 지진 후에도 수십 차례의 여진이 있었다. 영화에서 봤던 지구의 종말이 이런 게 아닐까 싶을 정도로 두렵고 끔찍했다. 우리는 교회 앞 빈 땅에 모여 웅크리고 앉아 기도하면서 흔들림이 멈추기를 기다렸다. 자연의 재앙 앞에서 인간의 힘으로는 할 수 있는 게 없었다. 더듬더듬, 두렵고 떨리는 목소리로 기도밖에 할 게 없었다. 얼마나 지났을까. 악몽 같았던 시간이 흐르고 흔들림이 조금씩 약해지는 걸 느꼈다. 딸을 부둥켜안고 있던 팔을 가만히 풀고, 일어나 둘러보았다. 겉으로 보기에 교회 건물은 별 이상이 없었지만, 섣불리 들어갔다가는 무슨 일이 생길지 몰랐다. 우리는 우선 각자 집으로 돌아가서 상황을 살피기로 했다.

지진으로 폐허가 된 마을

눈에 보이는 광경은 처참했다. 길이 갈라지고 움푹 패고, 낡고 허름한 집들은 폭삭 무너져 내려 있었다. 순식간에 집과 가족을 잃고 어쩔 줄 모르거나 망연자실한 사람들도 보였다. 하나님은 어째서, 가난하고 힘없는 나라에 이토록 가혹한 일을 행하신 걸까. 가족의 손을 잡고 걸으며 마음속에는 서글픔과 원망, 한편으로는 두려움이 가득 차올랐다. 우리 집을 비롯해 마을에는 크나큰 피해는 없었다. 카트만두가 지진이 발생한 곳에서 좀 떨어져 있기 때문이었다. 하지만 카트만두라고 해서 지진을 완전히 피하진 못했다. 오래되고 유명한 사원은 물론이고 관공서, 가게, 집들이 무너지고 갈라지고, 혹은 곧 무너질 것 같은 위태로운 상태였다. 신과 자연 앞에서 인간은 그저 나약하고 무능력한 존재라는 걸 또다시 경험하는 순간이었다.

어수선한 마음이 좀 가라앉자 아차! 생각이 들었다. 만약, 오늘 우리가 새로운 교회 건물이 아닌 원래 예배드리던 6층에 있었다면 어떻게 되었을까? 거기는 낡은 데다가 계단도 좁은데, 무사히 빠져나올 수 있었을까? 힘들었을 것이다. 서로 먼저 빠져나가려고 몸싸움이 일어났을지도 모른다. 그러다가 다치거나 더 큰 일이 생겼을지도 모르고. 여기까지 생각이 미치자 아찔했다.

신학교도 마찬가지였다. 만약, 오늘이 토요일이 아니었다면 어땠을까? 평일이었다면 학생들은 수업을 받고 있었을 테니 말이다. 건물 피해는 두 번째로 생각하더라도, 거기도 분명히 지진의 진동이 있었을 텐데. 부랴부랴 신학교로 향했다. 채플실은 지진의 여파로 외벽이 갈라지고 부서져 있었다. 수업이 이루어지는 건물은 옥상이 무너져 내렸고 외벽에도 금이 가 있었다. 학생들은 모두 예배를 드리러 밖에 나가 있는 상태여서 인명 피해는 없었다. 직접 확인하고 나니 다리에 힘이 풀려서 바닥에 주저앉았다. 입에서는 "하나님, 감사합니다"라는 기도가 계속 나왔다. 얼마나 감사한 일인가. 악한 상황에서도 하나님은 우리를 안전하게 하셨다.

하지만 우리에게 별일이 없었다고 해서 감사할 수만은 없었다. 그런 마음은 하나님의 마음이 아닐 것이라는 생각이 들었다. 이런 상황에서 믿는 우리가 어떻게 해야 할까? 지진은 많은 것을 삼키고 무너뜨리고 파괴했다. 겉으로 보이는 물질뿐 아니라, 사람들의 삶과 마음마저. 집이나 가족에 피해가 있든 없든 상관없이 국민은 큰 충격에 휩싸였다. 바로 전까지 걸었던 거리가, 건물이 순식간에 사라졌고, 웃으며 이야기를 나눴던 가족과 친구가 떠났으니 말이다. 가뜩이나 어려운 사람들은 한

지진으로 무너져내린 네팔신학교 건물

끼 먹는 것도 힘들었고 삶이 곤궁했다.

신학교 중앙 건물의 지붕이 무너진 걸 보니 너무 마음이 아팠다. 아무도 다치지 않은 건 감사한 일이었지만, 이 학교에 얼마나 많은 정성과 마음을 쏟았는데 이렇게 무너지게 하시나, 간사한 인간의 마음에 또다시 하나님을 원망하는 소리가 울렸다. 당장 학생들은 어디에 머무를 것이며, 수업은 어떻게 해야 할까. 당시 학장이었던 나는 그 모든 걸 해결해야 했다.

언제 또다시 지진이 올지 모르는 상황에서 건물에 들어가는 건 위험하다고 판단했다. 학생들도 모두 두려움과 공포에 질려있었다. 학교 근처에는 학생들 식사에 사용하려고 채소와 과일을 재배하고 있는 밭이 있었다. 우선 급한 대로 그 밭에 텐트를 치고 지내기로 했다. 밥도 간단하게 해 먹을 수 있게 도구를 마련해왔다. 나도 몇 교수님과 함께 텐트에서 지냈다. 계속되는 여진 때문에 편하게 잠을 자거나 일상생활은 힘들었지만, 모두 잘 견뎌주었다. 돌이켜 보면 그때 학생들과 정말 가깝게 지내면서 허물도 많이 사라졌고 서로 마음을 여는 계기가 되었다.

지교회와 지방의 많은 교회 목회자들이 계속 연락을 해왔다. 교회가 무너지고 마을이 쑥대밭이 되었다며 도와달라고 했다. 하지만 내가 할 수 있는 게 없었다. 가진 것이 있어서 줄 수 있는 형편도 아니었고, 길이 많이 부서져서 당장은 어디를 이동하는 것도 힘들었다. 모두 내 입과 손만 바라보고 있었다. 버거웠다. 두려웠다. 눈앞에 보이는 지진의 공포와 사람들의 기대가 나를 점점 약하게 만들었다.

나보고 어쩌라는 것인가. 나도 그들과 똑같이 나약하고 가진 것 없는 인간일 뿐인데. 왜 하필 이런 끔찍한 일이 여기에 일어난 것일까. 하나님, 어쩌라는 겁니까. 하나님은 사랑, 평화의 신이 아니신가요? 왜 이런 고통을 우리에게 주시는 건가요. 그동안 인도하신 하나님의 은혜는 깡그리 잊어버린 채, 불평과 원망을 늘어놓았다. 일주일 후에는 꽃재교회에서 봉헌 예배를 드리러 오기로 되어 있는데, 그 준비는 또 어떻게 해야 할까. 눈앞이 캄캄했다.

3

울먹이는 김성복 목사님

한국에서 연락이 오기 시작했다. 김성복 목사님도 깜짝 놀라 전화를 하셨다. 함께 아파하며 걱정하시는 마음이 목소리에서도 느껴졌다.

"수먼 목사님, 뭐라고 위로를 드려야 할지 모르겠네요. 좀, 어떠신지요?"

"목사님, 염려해 주셔서 감사합니다. 지금, 뭐 난리죠. 저희는 괜찮습니다. 교회와 성도들도요. 하지만 신학교 건물이 부서졌어요. 그날이 휴일이라서 모두 예배드리러 나가 있어서 학생들은 무사하니, 다행이지만요. 또 많은 교회와 집이 무너져서 현지 목사님들이 많이 힘들어하고 있는데 현재로서는 어떻게 할 방법이 없습니다. 생각나실 때마다 저희를 위해 기도해 주세요."

"그럼요, 목사님. 기도하면서 도울 방법을 찾아보겠습니다. 그나마 목사님과 가족이 무탈하시다니 참으로 다행이고 감사합니다. 신학교에도 인명 피해가 없으니 얼마나 감사합니까. 참으로 다행입니다. 참으로 감사합니다" 하며 울먹이셨다.

"수먼 목사님, 다음 주 예정되어 있던 봉헌 예배는 잠시 미루도록 합시다. 하나님께서 다시 길을 열어 주시면 더 반갑게 뵙도록 하지요. 하지만 많은 네팔 국민은 지금 얼마나 힘들겠습니까. 우리 교회에서 긴급구호를 위한 헌금을 하고 있으니 마무리되는 대로 보내드릴게요. 지진피해 복구에 사용해 주세요. 또한, 많은 한국교회와 성도들이 마음을 모아 기도하며 헌금하고 있습니다. 부디 너무 좌절하지 않고 네팔 국민이 힘을 얻기를 바랍니다. 목사님도 매우 힘드시겠지만, 종교를 떠나서 지금 그들을 위로할 사람은 목사님입니다. 우리에게는 하나님이 계시지 않습니까."

속마음을 들킨 것 같아서 뜨끔했다. 오직 하나님 안에서 만났다는 이유만으로 연약하고 부족한 나를 믿고 힘을 주시는 김성복 목사님과 성도님들의 사랑과 헌신에 눈물이 나서 대답도 제대로 할 수 없었다. 감사라는 말로도 부족했다. 김 목사님의 음성은 마치 바로 옆에서, '힘들지요, 그래요. 알아요. 알아요'라고 말하면서 안고 다독여 주는 것처럼 다정하고 따뜻했다. 도대체, 선교가 뭐길래 한국교회 성도들은 잘 알지도 못하는 네팔 사람들을 위해 헌금을 하는 것일까. 그중에 얼마나 많은 사람이 네팔에 대해 알고 있을까. 겨우 이름만 들어본 게 다일 텐데….

김 목사님의 말씀은 엄청난 힘과 용기를 주었다. 하나님만 의지하겠다고 해놓고서는 어쩔 줄 몰라 걱정하며 두려워한 내 모습이 부끄러웠다. 하나님은 네팔을 잊지 않고 돌아보셨다. 내가 멀어지려고 할 때마다 내게 먼저 다가오셨다. 그러고는 가만히 속삭이셨다.

'내가 여기 있다. 그때처럼 지금도. 지금처럼 앞으로도.'

나도 모르게 눈물이 흘렀다. 옆에 있던 아내의 손을 잡았다. 나는 부끄러워서 차마 아내에게 자세하게 이야기하지는 못했다. 아내는 아무것도 묻지 않고 가만히 나를 안아주며 위로해주었다. 언제나 그랬던 것처럼.

지진 이후 세계 곳곳에서 네팔을 위해 힘써주었다. 지구상 가장 열악한 나라 중 하나인 네팔, 히말라야로 알려져 있지만, 그 이상은 잘 모르는 네팔의 현실이 세계에 생중계되었다. NGO 단체부터 종교, 개인, 기업 등 여러 기관에서 물질과 기도, 직접 몸으로 뛰면서 피해 복구를 위해 밤낮을 가리지 않았다. 한국 감리교회에서도 봉사단을 파견해 주었다. 봉사자들은 상황이 허락되는 대로 외진 마을까지 들어가서 집을 보수하거나 새로 지었다. 그렇지 않아도 좁고 울퉁불퉁한 길이 더 험악해졌는데도, 그들은 아랑곳하지 않았다. 차 바퀴가 갈라진 틈에 빠지는 건 보통이었고, 심각한 곳은 수십 킬로를 걸어가야 했다. 의사와 간호사, 약사들은 열악한 의료 상황을 대비해 직접 도구와 약을 챙겨와 진료까지 해주었다.

많은 한국교회도 물심양면으로 함께 했다. 재난 앞에서는 종교도 교파도 직분도 상관없었다. 모두 같은 마음과 뜻, 그뿐이었다. 네팔신학교도 한국교회와 말레이시아교회의 많은 도움으로 부서진 건물을 수리할 수 있었다. 또한, 피해를 많이 본 마을과 교회들의 복구에도 힘을 주었다. 기독교이든 아니든 차별 없이, 구호 물품과 주택 수리비를 지원했다. 우리 모두 하나님의 창조물로서 그분에겐 똑같은 자녀라고 생각했으니까. 재정이 벅찼던 것은 사실이나, 기독교 이름으로 하는 일인데, 하나님을 욕되게 할 수는 없었다. 부족한 건 하나님이 채워주실 거라고 믿었다.

4

교회를 증축하면 어떨까요?

　네팔은 힌두교가 아주 깊게 뿌리 박혀 있어서 자연스럽게 여러 신을 믿게 된다. 할머니 할아버지로부터, 엄마 아빠로부터. 태어나면서부터 집안 곳곳에 걸려 있는 신들의 사진과 그림, 부적을 보면서 자신의 일부로 받아들이게 된다. 자신이 나중에 그 신을 믿든 믿지 않든, 삶에 큰 영향을 끼치게 될 수밖에 없다. 기독교에서는 '하나님' 한 분만을 믿지만, 네팔 사람들에게는 하나님과 예수님이 여러 신 중의 하나로 인식되는 게, 어쩌면 당연하다. 눈에 보이는 거의 모든 존재를 신으로 대하는 이들에게 유일신이라는 개념은 이해하기 힘들기 때문이다.

　네팔에서는 소를 신성시한다. 도로 한복판에서 주인 없는 소가 돌아다녀도 아무도 잡아가지 않는다. 아무리 배가 고파서 먹을 게 없는 사람도 몰래 잡아먹지 않는다. 그랬다가는 징역에 처하는 것도 문제지만, 종교의 교리가 훨씬 크다. 개도 마찬가지이다. 동네에도 도시에도 개가 많이 돌아다닌다. 더운 낮에는 그늘을 다 차지하고 아주 편안한 자세로 잠을 자고, 사람들이 먹거리를 가져다주면 그것으로 배를 채운다. 네팔에서는 개도 신성시된다. 일 년 중 하루에 개의 날이 있을 정도다.

이런 나라에서 기독교를 전파한다는 것은 무모한 일인지도 모른다. 그럼에도 내가 이 사역을 멈출 수 없는 건 내가 체험한 하나님을 배신할 수 없기 때문이다. 그 하나님은 이번 지진에서도 어김없이 인간의 힘으로 어찌할 수 없다는 걸, 오직 하나님을 믿고 따를 때 그가 행하신다는 걸 몸소 체험하게 하셨다. 내 믿음이 약해질 때는 돕는 손길들로 함께 하셨고, 그들을 통해 다시금 일깨워 주셨다. 내가 한 건 없다. 오직 하나님의 은혜이다. 나는 알리고 싶을 뿐이다. 우리 민족을 사랑하시는 하나님을.

지진으로 5월 첫째 주에 드리기로 했던 세계선교교회의 봉헌 예배가 연기되었다. 날짜는 진행 상황을 보면서 다시 정하기로 하고, 공사를 마무리하기 위해 힘을 쏟았다. 그 사이사이 신학교도 둘러봐야 했고, 지교회와 지방교회들을 방문해서

구호 물품을 전달하고 건물 복구도 도와야 했다. 몸이 열 개라도 부족한 강행군이었다. 오가면서 잠이라도 자면 좋을 텐데, 워낙 도로 형편이 좋지 않아서 덜컹거리는 차 안에서 겨우 눈만 조금씩 붙일 뿐이었다. 하지만 마음속에서는 감사와 찬양이 넘쳤다. 지진이라는 대혼란 속에서 우리의 믿음이 더욱 굳건해지고 교회 안에서 하나 되어감을 느낄 수 있었다. 서로의 안녕에 관심을 가지며 돌아볼 줄 알게 되었다. 같은 고난을 겪으면서 생겨난 동질감 같은 거였다. 나 역시, 그동안 바쁘다는 핑계로 가족과 함께 하는 시간을 많이 갖지 못했는데 이번 일로 스스로를 돌아보게 되었다. 만약에, 그때 우리가 무사하지 않았더라

봉헌 예배를 위한 첫걸음

면? 이라는 생각을 하면 끔찍했다. 마음은 언제나 아내와 딸을 사랑했지만, 별로 표현하지 못하는 사람이었다. 당연히 이해해 주겠지, 생각하고 바깥일을 많이 해왔다. 여전히 둘러봐야 할 곳은 많았지만, 가능하면 가족과 시간을 보내기 위해 시간을 조절했다. 지금, 이 순간이 아니면 안 된다는 생각으로.

여러 도움의 손길로 신학교 건물 보수가 마무리되었다. 하늘길도 다시 열리게 되어서 10월, 꽃재교회 김성복 목사님과 봉헌 예배 팀이 네팔에 오게 되었다. 그동안 네팔의 상황을 누구보다 더 마음 아파하며 후원과 기도를 넘치게 해주신 분들이

봉헌 예배 후 꽃재교회와 네팔 세계선교교회 성도들이 다함께

었다. 생사의 고비를 함께 넘겼다는 마음에 만남이 더욱 반갑고 소중했다. 김 목사님과 꽃재교회 성도님들은 교회를 둘러보시고 아주 좋다고 하시면서 기뻐하셨다. 겉으로 보기에는 아직 온전한 교회가 아니었지만, 믿음의 눈과 마음에는 이보다 더 좋은 예배당이 없었다. 김 목사님은 하나님의 말씀을 통해서 네팔을 향한 하나님의 계획하심과 은혜에 감사드렸다. 또한 고난과 슬픔에 빠져 있는 현지 성도들을 위로해 주시고 격려해 주셨다. 예배를 마치고 김 목사님께서 말씀하셨다.

"수먼 목사님, 건물은 총 2층을 목표로 진행 중이죠?"

"네, 목사님. 1층은 교육관 겸 교제를 나누며 식사를 하는 곳, 주방이 있고요. 2층은 유아실과 예배당입니다."

"목사님, 건물을 3층으로 하면 어떨까요? 다 좋은데, 교회와 사택이 너무 떨어져 있지 않나요? 예배와 사역에 집중하시려면 가능하면 가까이 있는 게 좋을 것 같아서요. 이왕 짓는 거, 3층을 올려서 목사님 댁으로 사용하고, 남는 공간을 게스트룸으로 하면 좋을 것 같은데, 목사님 생각은 어떠세요?"

너무나 놀라서 한동안 말이 나오지 않았다. 생각지도 못한 말씀이라서 놀라기도 했지만, 내가 교회와 집을 오가는 걸 눈여겨보신 김 목사님의 세심한 마음이 고스란히 전해져서 감격스러웠다. 정말이지, 교회 건축만으로도 충분히 감사하고 있었다. 꽃재교회 성도님들의 정성 어린 헌금을 하나도 헛되게 사용하면 안 된다고, 더는 폐를 끼쳐서도 안 된다고 생각하고 있었다. 나는 김 목사님께 솔직하게 말씀을 드렸다.

"목사님, 저희는 이것만으로도 충분하고 감사하고 있어요. 이것도 정말 큰 은혜이지요."

목사님은 빙그레 웃으시면서 다음에 다시 이야기하자고 하셨고, 나는 별 기대하지 않았다. 건축이라는 게 한 사람의 뜻만으로는 안 된다는 걸 알기 때문이었다. 은혜로운 봉헌 예배를 마치고 한국으로 돌아가신 지 며칠 후, 김 목사님이 전화하셨다.

"수먼 목사님, 교회 증축하세요. 제가 말씀드렸던 대로 3층을 올려서 사택과 게스트룸으로 사용하시지요. 교회에서 모두 좋다면서 필요한 경비를 더 지원하기로 했습니다. 내년에 완공되면 또 뵙지요. 멀리서 기도하겠습니다."

이럴 수가. 말문이 막혔다. 사실은 월세로 살고 있는 집을 나와야 할 형편에 있었다. 집주인이 세를 그만 놓겠다면서 올해 안에 집을 비워달라고 했기 때문이었다. 다른 집을 알아보면 되지만, 주인이 힌두교도면 많은 경우 기독교인에게는 세를 잘 주지 않았다. 세를 얻을 사람이 외국인이면 아무것도 따지지 않았지만, 현지인이면 어떤 직업을 갖고 있는지가 중요했다. 집세로 내야 할 돈도 한정되어 있었고, 내 직업이 목사였기 때문에 새집을 알아보는 것이 쉽지 않았다. 그래서 아내와 나는 매일 기도하며 적당한 집을 알아보고 있었다. 그런데 한국에서 건물 증축 소식이 들려온 것이었다. 아무에게도 말하지 못한 채 속앓이하고 있었는데, 필요를 모두 아시고 미리 행하시는 하나님, 얼마나 놀라운가! 내 말을 들은 아내도 깜짝 놀라기는 마찬가지였다. 그렇게 우리는 하나님의 손바닥 위에 있음을 다시 한번 깨달았고, 눈물의 감사 기도를 드렸다.

5
___

선교, 돈이 다가 아님을 깨닫다

2016년 11월, 드디어 교회를 완공하고 감사 예배를 드리게 되었다. 꽃재교회 김성복 목사님과 성도님들이 오셔서 함께 기쁨의 예배를 드렸다. 90평의 대지 위에 든든하게 서 있는 교회를 바라보면서 하나님이 하신 일을 찬양하고 감사했다. 인간의 힘으로는 불가능한 일이었다. 아무리 돈이 많이 있다고 해도 마찬가지였다. 오직 하나님이 하셨기에 힌두교의 땅 네팔에 교회를 세울 수 있었다. 그동안의 여정이 스쳐 지나갔다. 처음 김성복 목사님을 만나 뵈러 갈 때만 해도 이렇게 되리라는 것은 짐작하지 못했다. 한국교회가 선교에 대한 비전이 남다르다는 것은 익히 들어서 알고 있었지만, 그 일에 내가 포함되리라고는 꿈도 꿔본 적이 없었다.

꽃재교회와 김 목사님이 아무런 상관도 없는 나를 하나님의 동역자로 신뢰해주셨기에 교회 건축이라는 큰 사역을 맡겨주셨고, 세신교회에 이어 나를 꽃재교회 파송 선교사로 후원을 시작해주셨다. 하나님 나라에 대한 비전과 복음을 향한 동행이 감사할 따름이다.

감사 예배를 드리고 돌아가신 후 얼마 뒤였다. 김 목사님이 연락하셔서 말씀하셨다.
"수먼 목사님, 저번에 가

◀ 네팔 세계선교교회 외관
▼ 감사 예배 설교하시는 김성복 목사님과 통역하는 나

서 보니까 교통이 너무 불편하던데, 차가 필요하시지 않을까요?"

나는 평소에 가까운 곳은 오토바이를 이용했다. 시내로 가려면 템포(앞에 하나, 뒤에 두 개의 바퀴가 달린 미니버스)라고 하는 이동 수단을 타고 다녔는데, 시간도 불규칙하고 한 차에 성인 10명 정도가 타면 꽉 차버리기 때문에 숨 쉴 틈도 없이 답답하고 움직일 수 없었다. 때론 자리가 없어서 뒷문에 매달려서 타고 가기도 했다. 더 멀리, 시골이나 지교회를 가기 위해서는 버스를 이용했는데 도로 사정도 버스 상태도 좋지 않았다. 김 목사님이 네팔에 왔다 가신 후로 내내 마음에 걸리셨던 것 같다.

"아닙니다, 목사님. 오토바이랑 버스로 이동하면 됩니다"라고 말씀드렸지만, 사역하는 데에 꼭 필요할 것 같다면서 차 구입비를 보내주셨다. 또한, 꽃재교회는 여러 번 단기선교팀을 보내어 네팔 성도들과 교제하면서 사역에 필요한 교육을 해주고 있다. 현지 교회에 교회학교를 위한 교사들이 있지만, 이들은 교사 교육을 한 번도 받아본 적이 없었다. 한국은 교단에서는 물론 교회 자체적으로도 교사들을 위한 여러 교육과 세미나를 하고 있지만, 네팔에는 그럴만한 경제적 여유도 인적 자원도

교사 세미나에 참여한 현지 교사들

없으니 꿈도 못 꿀 일이었다. 이런 사정을 들은 꽃재교회에서는 네팔 교사강습회를 위한 단기선교팀을 보내주었다. 60명이 넘는 교사들이 전국에서 모여들었다. 13시간이나 걸리는 지역에서 온 이들이 있을 정도로 기대가 넘치는 강습회였다.

선교팀은 강의와 간증을 통해 교사로서의 사명을 높여주었고, 복음 팔찌 만들기, 복음 딱지 만들기, 레크레이션 등 현지 교회학교에서 실제로 활용할 수 있는 프로그램들을 알려 주었다. 참여한 교사들은 모두 "교사강습회는 처음 참석해 봤는데, 정말 유익하고 즐겁고 은혜로운 시간이었어요"라고 고백하면서 고마워했다.

꽃재교회는 세계선교교회 건축을 시작으로 네팔의 복음화를 위해, 여전히 기도와 후원을 아끼지 않고 있다. 내 목회의 여정에서 김성복 목사님과 꽃재교회를 만난 것은 하나님의 큰 은혜요, 섭리이다. 나는 이들을 통해서 선교라는 게 물질로만 이루어지는 것이 아님을 깨달았다. 돈만 주면 되지, 돈만 있으면 되지, 라고 말하는 사람도 종종 있다. 특히나 요즘 같은 자본주의 세상에서는 더욱 그렇다. 하지만 그 대상을 향한 따뜻한 마음과 관심, 사랑이 없는 선교는 선교가 아니다. 그저 돈으로 겉만 치장할 뿐이다. 그러나 꽃재교회가 보여주고, 행하고 있는 선교는 돈보다 하나님의 뜻과 사람과의 신뢰가 먼저라는 것을 알게 해주었다. 현지의 상황과 마음을 살피고 나누고 공감해 주는 김성복 목사님의 목회를 본받아서, 하나님의 뜻과 사람을 먼저 살피는 사역자가 되리라고 다짐해 본다.

6
고향을 떠나다

　우우-웅. 비행기가 처음에는 낮고 무거운 소리를 내며 움직이는가 싶더니, 곧 굉음을 지르며 속력을 내기 시작했다. 창밖으로 보이는 나무와 건물들이 점점 빠르게 뒤로 물러났다. 지나간 시간처럼, 여기에서의 좋지 않은 기억은 모두 뒤로 던져 버리라고 말하는 것 같았다. 비행기가 출발하는 것만으로도 고향에서의 고달팠던 하루하루에서 벗어나는 기분이 들어 설레었다. 한국에 가서 돈 많이 벌면 가족들과 내 삶이 바뀔 거라고, 지긋지긋한 가난에서 벗어날 거라고 믿었다.

　그러다가 순식간에 모든 게 불안해지기 시작했다. 누가 그 모든 걸 책임질 수 있지? 옆에 있는 브로커를 믿어도 되는가? 무사히 도착해서 일자리를 얻을 수 있을까? 내가 네팔을 떠나는 게 맞는 결정이었을까? 만약, 내가 실패하게 되면 여기에 남아 있는 가족들은 …? 포기할까? 아냐, 가족들을 실망시키면 안 돼. 나는 장남이야. 온갖 생각들이 뒤엉켜서 심장이 마구 뛰고 호흡이 가빠졌다. 몸이 붕 떴다. 이제 돌이킬 수 없었다. 비행기가 하늘 높이 오르기 위해 활주로를 벗어나기 시작했다. 나도 모르게 신에게 기도했다. 아침에 일어나면 가장 먼저 간절히 기도하던 할머니처럼.

Morahang. 모라항은 네팔 동부 코시(Kosi) 지역의 떼라떰(Terhatum) 지구에 있는 작은 시골 마을로 해발 2,000m에 자리 잡고 있다. 네팔 수도인 카트만두(Kathmandu)에서 버스로 3일 이상이 걸리는, 네팔 땅끝에 가깝다. 나는 그곳에서 1972년에 태어나 한국으로 오기 전까지 20년을 살았다. 우리 가족은 아버지 한 분과 어머니 두 분이 각각 2남 2녀를 낳아서 총 11명이었다. 아버지가 첫 번째 결혼 후 낳은 딸(나의 첫째 누나)이 죽었다. 얼마 후, 두 번째 딸을 낳았는데 아버지의 어머니(나의 할머니)가 점을 보았다. 점쟁이는 아내를 한 명 더 맞아들여야 지금 낳은 딸과 다음 자녀들이 죽지 않을 것이라고 했다. 다음번엔 아들을 낳을 것이라고 했다. 부모님의 뜻대로 아버지는 두 번째 결혼을 했다. 그리고 9개월 후에 첫 번째 아내에게서 내가 태어났다. 아버지는 두 아내를 통해 총 8명의 자녀를 얻었고, 아무도 죽지 않고 살아남았다. 이런 관계였지만, 모두 한집에 살았고 사이가 좋았다(지금도 서로 교류하면서, 돌보면서 지내고 있다. 나를 낳아준 어머니는 돌아가셨지만 작은어머니는 아직 살아 계시고 기회가 되는 대로 찾아뵙고 있다).

거기에 할아버지와 할머니, 공부하러 우리 집에 와있던 작은아버지의 두 아들, 아버지가 교장으로 있는 고등학교에서 일하는 선생님이 2명, 어떤 때는 3명, 농사일을 거두는 일꾼이 2~3명이 함께 살았다. 식사 시간이면 언제나 16명 이상이 별로 차린 것 없는 식탁 앞에 옹기종기 모여 앉아서 열심히 손을 움직였다. 부모님은 언제나 열심히 일했지만 늘 가난했다. 브라민 계급인 아버지는 교장이었지만 월급은 거의 없었다. 당시에 우리 동네뿐 아니라, 근처의 대부분 아이는 중학교에 갔다. 하지만 중학교를 졸업한 후에 입학할만한 고등학교가 없었다. 편도로만 하루 이상이 걸렸기 때문에 계속 공부하려면 고등학교가 있는 지역으로 이사를 해야만 했다. 그래서 어쩔 수 없이 거의 모든 아이가 중학교 과정까지 마치고 나면 더 이상의 공부를 포기한 채 부모님을 도와 농사일을 하거나 가축 떼를 돌보았다.

아버지는 지역 학생들이 중학교를 졸업한 후에도 계속 배움의 끈을 놓쳐서는 안 된다고 생각하셨다. 그래서 동네에 고등학교를 세웠다. 덕분에 나를 비롯한 많은 아이가 계속 공부를 할 수 있게 되었다. 학교에 다니면서도 집안일을 거들어야 했고, 너무 바쁠 때는 학교를 나가지 못하기도 했지만, 고등학교에 다니는 것만으로도 참 감사했다. 그런데 재정이 문제였다. 국가에서는 국립고등학교 교사의 월급은 25%만 보조해주었고, 나머지는 학교 자체적으로 해결해야 했다. 지금은 국립학교는 국가에서 전부 지원해주고 있지만, 그 당시엔 그렇지 않았다. 교장인 아버지는 거의 월급이 없었다. 자신의 몫까지 교사들에게 줬기 때문이다.

아버지는 그 시절에 힌두교대학교를 졸업한 인재였다. 고위공무원이나 학교 관리자, 한국으로 치면 교육감 같은 자리에서 안정된 삶을 살 수 있었다. 하지만 아버지는 그런 제의를 모두 거절하셨다. 낙후된 지역에도 교육이 필요하다고 생각하셨기 때문이다. 그런 아버지를 원망한 적은 없다. 오히려 자랑스럽고 존경한다. 지금의 내가 네팔신학교에서 월급도 받지 않고, 오히려 신학생들에게 장학금을 주면서 즐겁게 일하는 것도 아버지의 모습을 봐서 그런 게 아닌가 싶다. 그렇게 사는 것이 의미 있고, 보람된 삶이라는 것이 어렸을 때부터 스며들어 있었던 것 같다.

집에서는 논밭에 쌀, 옥수수, 밀 등을 재배했지만, 우리 식구를 감당하기엔 부족했다. 그러니 우리 집은 늘 가난할 수밖에 없었다. 쌀농사를 지으면서도 쌀밥은 거의 먹지 못했다. 할머니는 쌀을 추수하면 그것을 더 많은 양의 옥수수로 바꾸어 오셨다. 그래야 일 년을 겨우 견딜 수 있으니까. 우리 주식은 디도(Dido, 말린 무 이파리를 우려낸 물에 옥수숫가루 등을 넣고 반죽하여 만든 덩어리)였다. 퀴퀴하고 탁한 냄새가 나서 먹기 싫었지만, 그것 말고는 먹을 게 없어서 안 먹을 수도 없었다. 뭐라도 먹을 수 있다는 것에 감사해야 했다.

7

한국, 운명처럼 찾아오다

시골에만 살았던 나는 네팔이라는 나라의 전체적인 상황을 잘 몰랐다. 지금처럼 방송이나 신문 같은 정보 매체가 흔하지 않고, 마을을 벗어난 적도 없었기 때문이다. 하지만 가난한 나라에서 태어났다는 생각을 할 수밖에 없었다. 우리 집도 가난했고, 친척들도 가난했고, 마을 사람들도 모두 가난했으니.

고등학생 무렵, 여기저기에서 해외에서 일하면 가난을 벗어날 수 있다는 말들이 들려왔다. 땅도 사고 집도 샀다고 말이다. 이웃집 아들이, 건너편 친척 누군가가 그 주인공들이었다. 처음엔 그냥, 그런가 보다 하고 넘겼다. 농업대학에 진학해서 기술을 배워 우리 집과 마을 사람들의 농사에 써먹고 싶었기 때문이다. 그런데 고등학교 졸업 시험에서 원하는 대학에 갈만한 점수가 나오지 않았다. 그래서 대학 입학을 포기하고 일 년 동안 집안일을 도우며 진로에 대해 고민했다. 여기서 아무리 애써 일해도 빚을 갚기는 커녕, 온 가족이 먹고살기도 힘들 것 같은 생각이 들었다. 몇 년 전보다 더 해외 붐이 일고 있었다. 하루는 아버지와 마주 앉아서 그동안 고민해왔던 생각을 조심스럽게 말씀드렸다.

"아버지, 돈을 벌러 외국에 갈까 해요. 식구는 많고 동생들은 아직 어리잖아요. 농사로는 한계가 있어요. 빚도 많고요. 제가 장남이니까 집안을 책임지겠습니다."

아버지는 별말씀이 없으셨지만, 착잡해하는 표정은 읽을 수 있었다. 어머니는 꼭 가야 하겠냐고, 네팔에서 할 일을 찾으면 안 되느냐고 하시면서 만류하셨다. 아버지도 크게 내켜 하지는 않으셨다. 하지만 더 좋은 방법이 없었고, 성인이 된 아들의 결정이었기에 마지못해 허락해 주셨다.

마침, 근처에 살던 작은할아버지가 내 소식을 듣고 아버지를 찾아오셨다. 나보다 15살 위인 작은할아버지는 결혼해서 아내와 둘이 살고 계셨는데, 나와 함께 돈 벌러 가시겠다고 했다.

"저도 같이 갈 거니까 너무 걱정하지 마세요. 얘기 들었지요? 옆집 아들도 외국에서 번 돈으로 빚도 갚고 땅도 샀다잖아요. 그 집뿐인가요? 외국엔 일할 데가 많아서 가기만 하면 금방 자리 잡을 수 있대요."

여기저기 알아보기 시작했다. 어느 나라로 가야 할 것인가를 정해야 했다. 많은 사람의 추천에 따라 사우디아라비아로 가기로 하고 준비에 들어갔다. 먼저, 여권을 만들어야 했다. 수도인 카트만두에서만 여권을 만들 수 있었는데, 신청부터 발급까지 6개월이 걸린다고 했다. 일단 카트만두로 가서 여권을 신청하고 다시 집으로 돌아오기로 했다. 6개월간 기다렸다가 여권을 받아올 만한 체류비가 없었기 때문이다.

모라항에서는 카트만두로 가는 버스가 없어서 더 큰 도시로 가야 했다. 작은할아버지와 나는 5시간을 걸어서 터미널에 도착해 버스를 탔다. 버스는 폴폴 먼지를 날리며 흙길을 달렸다. 버스 창문에 머리를 콕콕 찧으며 자다 깨기를 반복했다. 드디어 카트만두에 도착했다. 집에서 출발한 지 3일 만이었다. 처음으로 와보는 네팔의 수도는 내가 살던 시골과는 다른 모습이었다. 울퉁불퉁한 흙길이 아니라 반듯반듯한 도로를 달리는 차와 오토바이에 햇빛이 부딪혀 눈이 부셨다. 지나가는 사람들도 활기 있어 보이고 낯선 음식이나 물건을 파는 가게도 많이 보였다.

"이야, 좋다. 그냥 여기에서 일자리 얻고 살까?"

작은할아버지와 나는 장난스럽게 웃으며 말했다. 3일 동안 버스를 타느라 몸은 몹시 지쳤지만, 목적지에 도착했다는 안도감 때문이었을까? 갑자기 배가 고파졌다. 마침 점심 무렵이어서 우리는 국수와 만두를 먹은 후 여권용 사진을 찍기로 했다. 얼마 만에 제대로 먹어보는 것인지. 꿀이 이보다 더 달까 싶을 정도로 맛있게 식사를 마쳤다. 식당 주인에게 근처에 사진관이 있는지 물어보니, 친절하게 설명해 주었다. 무사히 사진까지 찍은 우리는 떠나오기 전에 미리 연락해 두었던 삼촌 아들 집으로 갔다. 사진을 찾아서 여권을 신청하기 위해 머무를 곳이 필요했기 때문이다.

다음 날, 작은할아버지와 나는 사진을 찾아들고 여권을 신청하기 위해 카트만두에 있는 외교부로 갔다. 그런데 담당자가 뜻밖의 소식을 전했다.

"오늘 신청하시면 13일 후에 여권을 찾을 수 있어요"라고 말하는 게 아닌가? 6개월 걸렸던 여권이 바로 얼마 전에 바뀌었단다. 우리는 갑작스러운 소식에 잠깐 당황했다. 여권을 신청한 후에 모라항으로 가기로 되어 있었기 때문이다. 갔다가 여권을 찾으러 다시 카트만두로 온다는 건 시간도 그렇고 경비도 아까웠다. 친척집에 더 머무르다가 여권이 나오면 찾기로 했다. 필요한 서류를 작성하면서 보니, 여권을 신청하거나 찾으러 온 청년들이 많았다. 몇 사람과 자연스럽게 대화하게 되었는데, 말레이시아로 일하러 갈 예정이라고 했다. 사우디아라비아보다 더 낫다는 것이었다. 여러 사람의 말을 들으면서 작은할아버지와 나도 말레이시아로 가야겠다는 결정을 하게 되었다.

13일의 여유가 생긴 우리는 카트만두 여기저기를 구경하고 친척 누나에게 가보기로 했다. 누나는 미용실에서 기술을 배우면서 일하고 있었다. 네팔에서 미용실에는 여자만, 이발소에는 남자만 들어갈 수 있으므로 우리는 가게 안으로 들어가지 못하고 밖에 서서 머뭇거렸다. 누나를 불러야 하는데, 문을 열 용기가 나지 않았기 때문에. 유리문 앞을 왔다 갔다 하면서 안쪽에서 누나가 우리를 봐주기를 기다렸다. 하지만 직원들은 손님들 상대하느라 바빠 보였고, 누나의 모습은 없었다. 한참을

망설이다가 작은할아버지가 문을 두드리며 누나 이름을 불렀다. 잠시 후에 누나가 나와 반갑게 맞아 주더니 미용실 옆에 있는 쪽방으로 인도했다.

"어머, 오랜만이에요! 여기까진 어쩐 일이에요?"

나는 누나에게 상황을 얘기했다. 그런데 옆에서 같이 듣고 있던 미용실 직원이 말했다.

"우리 형부는 지난주에 한국으로 일하러 갔어요. 한국에는 일할 데도 많고 월급도 많이 준대요!"

요즘은 한국으로 많이 가는 추세라고 했다. 작은할아버지와 나는 더 자세히 알고 싶었다. 그는 자신도 더 아는 것은 없다면서 퇴근해서 집에 가면 자기 언니에게 물어보고 알려주겠다고 했다. 새로운 소식에 한껏 들떴다. 당연했다. 당시 나는 겨우 20살이었고, 가능하면 돈을 많이 벌고 싶었으니까.

8

천국과 지옥을 오가다

한국? 처음 들어보는 나라인데, 어떤 곳일까? 말레이시아보다 한국으로 가는 게 나을까? 이런저런 생각들로 뒤척이다가 잠을 자다 깨다 했다. 작은할아버지도 마찬가지인 듯 옆에서 밤새 부스럭거리는 소리가 났다. 다음 날, 우리는 다시 미용실에 갔다. 누나 동료는 형부가 브로커를 통해서 한국으로 갔다면서 그 사람의 연락처가 적힌 종이를 건네주었다. 우리는 당장 전화를 했다. 그 브로커는 우리에게 당시 한국 돈으로 각각 200만 원(90년대 초 6개월 치 월급 정도)을 준비하라고 했다. 그러면 우리와 한국까지 함께 가고 일할 곳까지 데려다준다는 거였다. 당시 우리 사정으로 엄청나게 큰 액수였다. 하지만 우리는 이미 마음의 결정을 내렸다. 한국에 대해서 아무것도 몰랐지만, 운명이 나를 이끌고 있었다. 그건 하나님의 섭리였다. 오늘의 나를 만들기 위한.

　한국으로 가기로 한 작은할아버지와 나는 여권을 찾아서 집으로 돌아간 후 악착같이 돈을 모으기 시작했다. 없는 살림에 나올 돈도 없었다. 할아버지와 아버지는 염소와 물소를 팔아 경비에 보태주셨다. 할머니는 기도하는 시간이 더 길어졌고 어머니는 큰아들을 멀리 보내야 하는 사실에 한숨이 늘었다. 동생들은 함께 지낼 날이 별로 남지 않아서인지 전보다 말도 더 잘 들었다. 브로커와 약속한 날짜가 다가오는데도 돈이 많이 부족했다. 어쩔 수 없이 빚을 냈다. 한국에 가기만 하면 금방 갚을 수 있을 터였다.

　돈을 다 마련한 우리는 브로커에게 여권과 함께 전달했다. 브로커는 "언제 떠날 날이 잡힐지 모르니까 카트만두에서 대기하고 있으라"고 했다. 날짜가 조만간 잡힐 텐데, 그러면 즉시 비행기를 타야 한다고 말이다. 반가운 소식이었다. 그런데 내겐 걱정이 있었다. 전부터 편찮으시던 할머니가 요새 더 많이 안 좋아지셔서 오늘내일하는 상황이었다. 한국으로 떠날 수 있게 된 것은 기뻤지만, 할머니를 생각하면 괴로웠다.

내게 할머니는 특별한 분이다. 어렸을 때부터 할머니는 유독 나를 예뻐해 주셨다. 동생들은 많이 혼나면서 자랐는데, 할머니는 나를 나무라신 적도 없었고 잔소리하신 적도 없었다. 오히려 동생들 몰래 사탕이나 간식거리를 챙겨주시곤 했다. 부모님보다 더 살갑고 따뜻하게 대해주셨다. 내가 장남이어서 그러셨을지도 모르지만, 아마도 제 할 일은 스스로 알아서 하고, 부모님과 동생을 살피는 내가 기특해서 그러셨는지도 모르겠다.

평생 나를 사랑으로 키워주신 할머니가 언제 돌아가실지 모르는 상황에서 집을 떠나야 하니, 착잡했다. 한국으로 가게 되었다는 말씀을 드리지도 못하고 카트만두로 향했다. 마음만큼이나 발걸음도 무거웠다. 친척 집에서 브로커의 연락을 애타게 기다리고 있었다. 고향 집으로부터 소식이 왔다. 내가 머무르고 있던 친척집에는 전화기가 있었지만, 시골에는 전화기가 없었기 때문에 그 연락을 하려면 세 시간을 걸어서 나와야 했다. 그만큼 절박한 소식이라는 의미였다.

"수먼, 할머니가 많이 위독하셔! 곧 돌아가실 것 같아. 며칠 전부터 너를 계속 찾고 계셔. 빨리 오면 좋겠어!"

나는 바로 집으로 향했다. 그 순간에는 한국이고 브로커고 새카맣게 잊어버렸다. 집에 온 나는 할머니 곁을 지키고 있었다. 그런데 집에 도착한 날 오후 4시에 브로커에게 연락이 왔다.

"3일 후에 출발해야 하니, 빨리 카트만두로 오라."

난감했다. 카트만두까지 가려면 어서 출발해야 했다. 이러지도 저러지도 못하는 사이 밤이 되었다. 그날 밤 10시, 할머니가 숨을 거두었다. 가족들은 할머니가 나를 보고 가시려고 지금까지 기다리셨나보다고 하면서 슬퍼했다. 나는 아버지와 상의한 후에, 다음 날 새벽에 떠나기로 했다. 네팔에서는 화장(火葬)을 위해 시신이 집 밖을 나가면 가족들은 집에서 나갈 수 없기 때문이다. 나는 할머니의 장례를 위해 필요한 절차를 준비하고 밤을 새워서 부고장을 썼다. 친척들 대부분 집에 전화가 없었으니까 손으로 일일이 편지를 써서 보내야 했다.

동이 트기 전, 집을 나섰다. 열심히 걸어서 터미널에서 카트만두 가는 버스를 탔다. 다른 때보다 사람도 많고 주변이 북적거렸다. 네팔의 최대 명절인 '버다 더사인'(Badha Dashain)이 시작하는 날이었다. 세상은 즐거운 축제 분위기였지만, 할머니의 장례를 제대로 치르지도 못하고 낯선 나라로 향해야 하는 내 마음은 지옥 같았다. 이럴 때 할머니의 따스한 눈빛과 포옹이 절실히 필요한데, 할머니가 곁에 안 계신다는 사실이 실감이 나기 시작했다.

네팔 공항에 도착해보니, 브로커와 함께 한국으로 갈 사람은 우리 둘뿐이 아니었다. 여덟 명이 더 있었다. 모두 같은 신세였기에, 시시콜콜 말할 필요가 없었다. 눈빛만 봐도 서로의 마음을 읽을 수 있었다. 그들의 행색을 보며 고국을 떠나 낯선 나라로 간다는 게 갑자기 서글펐다. 내가 결정한 거였지만 말이다. 계획대로 될지, 언제 다시 돌아올 수 있을지 아무도 장담하지 못했다. 모두 비슷한 마음이었는지 곧 비를 뿌릴 것 같은 구름처럼 얼굴들이 어두웠다. 하지만 이 여정을 함께 하는 친구들이 있어서 금세 기운이 났고, 든든한 마음마저 들었다. 아니, 그래야 한다고, 약해지면 안 된다고 스스로 주문을 걸었다.

당시에는 네팔에서 한국으로 바로 가는 비행기가 없어서 홍콩을 경유해야 했다. 홍콩에 있는 브로커 사무실에 머물면서 처음으로 콘아이스크림과 소고기를 먹어 봤다. 소고기는 네팔에서는 금지된 음식이었지만, 배고프니 이것저것 따질 수 없었다. 브로커가 주는 대로 먹어야 했다. 돈도 없었고, 여권도 브로커에게 있는 상황에서 우리가 할 수 있는 것은 없었다. 그냥 사무실에 있다가 브로커가 나가자고 하면 나가서 밥을 먹거나 시내 구경을 하면서 이틀을 보내고 다시 비행기를 탔다. 드디어, 한국으로.

이 생각 저 생각을 하는 사이에 김포공항 도착까지 30분 남았다는 안내 방송이 나왔다. 비행기는 점점 고도를 낮추며 착륙할 준비를 했고, 사람들은 기지개를 켜며 두리번거렸다. 창밖으로 한국의 풍경이 보였다. 올림픽을 열 정도로 잘 산다는 나라답게 높은 건물들과 쭉쭉 뻗은 도로가 펼쳐져 있었다. 좀 더 아래로 내려가니 그 도로를 자동차들이 쌩쌩 달리고 있는 게 보였다. 한참을 바라보고 있는데 몸이 땅으로 꺼질 것처럼 비행기가 쿵, 소리를 내며 활주로에 내렸다. 이제, 정말 시작이구나. 한국은 나를 어떻게 반겨줄까? 어떤 곳에서 일하게 될까? 어찌 됐든, 열심히 일해서 돈 많이 벌자. 그게 여기로 온 목적이니까.

9

생김새는 비슷한데 말은 전혀 다른 나라

1991년 10월 18일, 스무 살의 나이로 한국 땅을 처음 밟았다. 공항에서 입국 절차를 밟으려고 줄을 섰다. 한국 사람을 처음 봤는데 어딘가 우리랑 비슷하게 생겨서였을까(네팔엔 다양한 족속이 있다)? 낯설지 않은 겉모습에 긴장했던 마음이 조금 풀리는 듯했다. 그런데 줄이 짧아질수록 가슴이 쿵쾅쿵쾅 뛰면서 다시 긴장되기 시작했다. 입국을 거부당하면 어떡하지? 여기에서 발이 묶이면? 네팔로 돌아가야 한다면? 나만 믿고 있는 가족은? 짧은 순간에 갖가지 생각이 스쳤다. 여권과 비자를 확인하고 또 확인했다. 그래도 손이 떨리고 식은땀이 났다. 옆줄에 서 있는 작은할아버지도 긴장한 얼굴이었다. 마음을 편안하게, 잘 해 보자. 우리는 눈길을 주고받으며 서로를 격려했다. 어찌어찌 무사히 수속을 마치고 입국장을 빠져나가자 안도의 한숨이 나왔다. 우리는 브로커를 따라 공항 밖으로 나갔다. 생김새는 비슷한데 하는 말은 전혀 달랐다. 낯선 나라, 말이 통하지 않는 나라에서 잘 지낼 수 있을까! 본래 긍정적인 나는 마음속으로 계속 되뇌었다. 수먼, 잘할 수 있어!

브로커는 공항에서 기다리고 있던 봉고차에 우리를 태웠다. 창밖으로 지나가는 도시의 모습이 낯설었다. 봉고차는 높은 건물들로 둘러싸인 도로를 달렸다. 한 시간쯤 후에 이태원에 도착했고, 네팔인 브로커는 우리를 한 사람에게 소개했다. 한국인 브로커였다. 이제 이 사람이 우리를 일터로 데려다줄 것이었다. 다시 봉고차에 올라탄 우리는 어디로 가는지 물어보지도 못하고 조용히 앉아 있었다. 말이 통하지도 않았을뿐더러, 어디로 간다고 말해줘도 알아듣지 못했을 테니까. 한국인 브로커는 가면서 한 번씩 차를 멈추게 하더니 두세 명씩 내리게 했다. 용인에 있는 공장이었는데 미리 이야기가 된 것 같았다. 나머지 한 명과 나, 작은할아버지는 가장 마지막까지 남아 있다가 산속에 도착했다. 그곳에는 가구를 만드는 공장이 있었다.

다음날부터 도끼로 나무껍질 깎는 일을 시작했다. 합판을 만들기 위해서 나무를 둘러싸고 있는 거칠고 두꺼운 껍질을 벗

거내야 했다. 두꺼워서 기계로 깎으면 날이 다 망가져 버리기 때문에 사람 손으로 1차 작업을 해야 했는데, 내가 그 일을 맡았다. 진짜 열심히 했다. 처음 3~4일은 공장 옆에 있는 사무실에서 먹고 잤다. 그 후로 사장님이 방 한 칸을 마련해주셔서 우리 3명이 같이 지냈다. 공장에서 일하는 사람 중에는 한국 사람이 열 명 정도 있었고, 외국인은 우리뿐이었다.

네팔 사람들이 새로 왔다고 소문이 났는지 동네 사람들이 구경을 왔다. 내가 한국 사람을 처음 보는 것처럼 그들도 네팔 사람이 처음이니 어떻게 생겼는지 궁금했나 보다. 자기들끼리 웃으면서 무슨 말을 하긴 하는데, 알아들을 수 없는 나는 그저 웃어주었다.

주말을 제외하고는 아침부터 늦은 저녁까지 일했다. 여전히 한국말은 잘 몰랐지만, 일은 조금씩 적응해갔다. 몸으로 하는 일이 녹록하지만은 않았다. 허나, 신세를 한탄하거나 절망하지 않았다. 이렇게 와서 일할 수 있는 것만으로도 운이 좋았기 때문이다. 네팔의 많은 젊은이가 해외에 나가서 일하고 싶어도 잘 안 풀리는 경우가 많았다. 그에 비하면 나는 순조로웠다고 할 수 있었다. 별다른 문제 없이 네팔에서 한국으로 건너

와서 이렇게 일하고 있으니 말이다. 게다가 작은할아버지도 함께 있으니, 초반에 타국에서의 고되고 외로운 순간을 그런대로 넘길 수 있었다.

그런데 문제가 생겼다. 공장 취직 후, 한 번도 월급을 받지 못했다. 나는 매달 35만 원을 받기로 되어 있었다. 사장님은 "곧 줄게", "모아서 줄게"라며 월급 주는 걸 계속 미뤘다. 먹고 자는 건 공장에서 해결하면 되고 다른 건 들어갈 돈이 별로 없어서 문제가 안 되었지만, 고향에서 부모님이 내 연락을 기다리고 있을 생각을 하니, 속이 타들어 갔다. 월급 받으면 아버지 빚 갚는 것과 가족들 생활에 보탬이 되리라고 생각했다. 돈 모아서 네팔로 돌아가면 도시에 한국처럼 크고 멋진 집을 지어서 살려고 했다. 그런데 시작한 지 얼마 되지도 않아 실패한 것 같아서 속상했다. 그래도 시간은 흘렀고, 일을 시작한 지 4개월쯤 후였다. 외국인 한 명이 공장에 일하러 왔는데 네팔 사람이었다. 그가 내게 물었다.

"사장님이 월급 잘 주니?"

나는 사실대로, 지금까지 월급을 못 받았다고 했다. 그는 돈도 안 주는데 왜 여기에 있냐면서, 다른 데도 일할 데 많으니까 그만두고 나가자고 했다. 그리고는 바로 다음 날 떠나 버렸다. 하지만 나는 그럴 수 없었다. 작은할아버지가 일을 하다가 손을 다치셨는데 아직 회복이 덜 되었다. 한쪽 팔을 제대로 사용하기 힘들어하셔서 내가 빨래도 해드리고 식사 때도 거들어주고 있었다. 촌수나 나이 때문에 네팔에 있을 때는 작은할아버지가 무섭기만 했었는데, 한국에 와서 같이 고생하다 보니, 많이 가까워졌고 서로 애틋한 마음도 들었다.

작은할아버지가 어느 정도 회복하자, 우리는 공장을 떠나기로 했다. 하지만 공장은 차도 잘 다니지 않는 산속에 있었고 전화기도 돈도 없었다. 사장님께는 네팔로 돌아가야 한다고 거짓말을 했다. 사장님은 여권과 5만 원을 주시면서 택시를 불러주셨다. 밀린 월급은 끝내 받지 못했다. 취직한 지 6개월 만에 처음으로 공장 밖을 나왔다. 우리는 택시를 타고 이태원에 가서 외국인 노동자들이 모인다는 가게를 찾아갔다. 그들과 대화를 나누던 중에 나는 자연스럽게 현재의 힘든 상황을 얘기하면서 일자리를 찾고 있다고 했다. 방글라데시에서 온 사람이 "우리 회사에 가서 일할래? 내일 사장님한테 소개해줄게. 네팔 사람들도 있어"라면서 각각 120달러씩 달라고 했다. 어차피 더 나빠질 상황도 없을 것 같아서 그러자고 했지만, 우리에겐 가진 돈이 하나도 없었다. 사장님이 주신 5만 원은 그날 여관비와 밥값으로 써야 했고, 소개비에 미치지도 못했다. 나는 방글라데시 사람에게 말했다.

"말했다시피 우리는 가진 돈이 하나도 없어. 너희 회사로 가서 일하게 되면 벌어서 줄게. 우선 소개해줄래?"

다음 날, 작은할아버지와 나는 그 사람이 알려준 가구 공장에 갔다. 의왕시 내손동에 있는 시골 마을이었는데, 네팔 사람 2명이 일하고 있었다. 고국 사람을 만나니 반가웠다. 함께 일하면 좋을 것 같은 생각에 들떠있었다. 그런데 한참 후에 사장님이 오셔서 말씀하셨다.

"일자리 없으니까 그냥 가."

알고 보니, 우리를 사장님에게 소개해준다고 했던 방글라데시 사람이 우리가 오기 전에 자신의 고향 사람 3명을 먼저 데리고 와서 일하게 한 것이었다. 낭패였다. 그 사람만 믿고 여기까지 왔는데, 이젠 어쩌면 좋지? 갈 데가 없었다. 물론 돈도 없

한국 가구공장에서 일할 때

었다. 네팔에서 올 때 가방 하나에 옷 두 벌을 넣어 가지고 왔는데, 한 벌은 지난 공장에서 일하면서 다 찢어져서 버렸고, 그야말로 단벌이었다. 굳게 닫힌 회사 문을 뒤로하고 멍하게 서 있었다. 막막했다. 우리는 근처에 있는 산에 올라가 있다가 저녁이 되면 여기로 다시 오기로 했다. 안에서 일하고 있는 네팔 노동자들이 일을 마치면 만나서 정보도 얻고 며칠 사용할 돈도 좀 빌릴 수 있지 않을까 해서. 터덜터덜 발걸음을 옮겨서 길을 건너는데, 뒤에서 부르는 소리가 들렸다. 사장님이었다.

"너희 일하는 것 보고 결정할게. 일주일만 해봐."

정말 기뻤다. 적어도 일주일은 지낼 곳이 생겼으니까. 게다가 일한 만큼 돈도 준다고 했다. 옷도 없었는데 전에 일하던 사람이 입던 것이라면서 작업복도 주셨다.

이렇게 감사할 수가! 알고 보니, 우리보다 한발 먼저 도착해서 일을 시작했던 방글라데시 사람들이 게으른 데다가 일을 너무 못해서 사장님이 우리에게 기회를 주신 것이었다. 결과는? 우린 일주일이 아니라, 계속 일하게 되었고 일주일 후에는 네팔 사람 2명이 더 들어왔다. 우리가 너무 열심히, 잘하니까 사장님이 네팔 사람을 신뢰하신 것 같다. 쫓겨난 방글라데시 노동자들에게는 미안했지만, 수렁에서 건져 올려진 기분이 이런 것 아닐까 싶었다. 그러나 안심할 수는 없었다. 나도 어느 날 갑자기 그들과 같은 처지가 될지는 아무도 모르는 일이니까.

10

어디에서 왔어요?

처음에 일했던 공장에서 월급을 받지 못하고 나왔지만, 사장님이 밉거나 원망스럽지는 않았다. 물론 처음엔 속상했다. 하지만 사장님도 인간이다 보니, 욕심 때문에 그랬겠지, 생각했다. 그래도 거기에서 일하는 동안 할머니(사장님의 어머니)에게 많은 사랑을 받았었다. 가끔은 내 작업복도 빨아주시고 손자처럼 살갑게 대해주셨다. 나도 할머니 생각이 나서 늘 웃으면서 대하고 대화하곤 했다. 그 사랑이면 충분했다.

새로운 곳에서도 열심히 일했다. 아침 8시 반부터 밤 10시까지 일하고 월 35만 원을 받았다. 일요일은 쉬는 날이었는데, 딱히 다른 할 일이 없으면 그날도 일했다. 평일보다 돈을 1.5배 더 주기 때문이었다. 돈을 많이 벌고 싶어서 쉬지 않고 일했지만, 육체노동이 쉬운 것은 아니었다. 그러면서 동료들과 밤마다 술을 마시게 되었다. 일을 마친 우리는 숙소로 돌아와 밤참이나 술을 마시면서 이야기를 나누곤 했다. 지금도 잊히지 않는 할아버지가 있다. 언제나 슬퍼 보이던 할아버지가 내심 마음이 쓰였는데, 어느 날 술 한 잔을 하시고 속내를 풀어놓으셨다.

"나는 6.25 때 북에서 남한으로 내려왔네. 아내와 자식들을 데리고 출발했는데, 전쟁통에 뿔뿔이 헤어지고 나 혼자만 오게 되었지. 북에 남겨진 가족을 생각하면서 하루도 편히 잠을 자 본 적이 없어. 날마다 눈에 아른거리지. 안 죽고 살아는 있는지……."

하시며 눈물을 흘리셨다. 나는 그제야 할아버지가 왜 그렇게 힘겹고 슬퍼 보였는지 알게 되었다. 할아버지뿐만 아니라 한국전쟁으로 인해 남과 북이 갈라지면서 이산가족이 많이 생겼다고 했다. 땅덩어리는 붙어있는데, 자유롭게 왕래할 수 없다니. 비행기 타고 바다도 건너는데 말이다. 나도 가족과 헤어져 먼 나라에 있지만, 원하면 만날 수 있고 전화도 편지도 가능하다. 할아버지의 눈물이 너무 마음 아팠다. 한반도의 사정을 모두 이해하기는 어려웠지만, 할아버지의 사연은 내 마음 깊이 남았다. 지금도 생각날 때마다 한반도의 평화를 위해 기도하고 있다.

그렇게 2년 정도 흘렀을까? 그 사이에 작은할아버지는 네팔로 돌아가셨고, 나는 남아서 계속 일하며 한국 생활에도 꽤 익숙해져 있었다. 거의 매일, 똑같은 일상이 반복되었지만 삶이 공허하다거나 의미에 대해서는 별로 생각하지 않았다. 한국에 온 건 돈을 벌기 위해서였으니까. 어느 날 근처에 있던 내손동 도깨비시장을 걷고 있었다. 회사랑 가까워서 필요한 것을 사러 가곤 했었다. 낯선 사람이 내게 말을 걸었다.

"안녕하세요. 어디에서 왔어요?"
"네. 네팔에서 왔어요."
"그래요. 잘 지내고 또 봐요."

그런데 그 후로, 근처 시장이나 동네를 다니면서 그분을 자주 마주쳤다. 자신은 평촌교회 전도사라고 했다. 마주칠 때마다 환하게 웃으면서 "수먼, 잘 지내요? 또 봐요." 인사하고 안아주곤 하셨다. 누군가 내게 관심을 준다는 게 나쁘진 않았고 따뜻한 인상이 참 좋았다. 그분이 바로, 박웅걸 전도사님으로, 내가 기독교인이 되도록 아주 결정적인 역할을 하신 분이다. 하나님의 계획은 얼마나 철두철미한지, 이것은 시작일 뿐이었다.

그러던 어느 수요일이었다. 아침부터 몸이 아파서 병원에 있었는데, 전도사님이 오신 게 아닌가? 알려드리지도 않았는데 어떻게 오셨지? 의아했다. 수요일은 야간 근무가 없어서 저녁 6시 30분에 끝나는데, 그걸 아셨던 전도사님이 나를 만나려고 회사에 전화하셨다고 한다. 그런데 내가 병원에 가고 없다고 하니, 찾아오신 거였다. 사실, 나는 위에 구멍이 날 정도로 술을 많이 마셔서 큰일 날 뻔한 적이 있었다. 전도사님이 찾아오신 날도 술로 인한 것이었다. 의사는 약을 주면서 술을 끊어야 한다고 했다. 박 전도사님은 의사에게

"선생님, 수먼은 제 친구입니다. 잘 좀 돌봐주세요"라면서 간절히 부탁했다. 나는 속으로 좀 의심했다. '왜? 내가 무슨 상관이 있길래 저렇게 부탁을 하는 걸까? 혹시 꿍꿍이 속셈이 있는 게 아닐까?' 생각했다. 왜냐면, 말 그대로 나랑 전도사님은 아무런 사이가 아니었고, 나에게 잘해줘봤자 전도사님에게 득이 될 게 없기 때문이었다. 솔직히 전도사님의 행동이 좀 부담스러웠지만, 나를 위해 주는 마음이 감사한 건 사실이었다.

병원 진료를 마치고 숙소로 돌아오는 길에 전도사님이 동행하셨다. 그러면서 한 가지 이야기를 해주셨다.

"89층짜리 집이 있어요. 한 노인이 꼭대기까지 올라가고 있는데, 한 층씩 올라갈 때마다 그 아래층은 없어져요. 2층으로 가면 1층이, 3층으로 가면 2층이 사라지는 거죠. 이 노인이 힘겹게 89층에 도착했어요. 이제 문만 열고 들어가면 돼요. 그런데 이런! 열쇠가 없는 거예요. 열쇠로 문을 열어야 하는데, 없으니 들어갈 수도 없고, 아래층은 전부 사라졌으니 다시 내려갈 수도 없게 된 거죠"라면서 누구에게나 생명의 열쇠가 있어야 한다, 그 열쇠가 바로 예수 그리스도라는 말씀이었다. 당시에는 무슨 말인지 전혀 이해하지 못했다. 그래도 어른이 하시는 말씀이니까 "네"라고 대답했고 또 잊어버리고 살아갔다.

박웅걸 전도사님이 숙소로 찾아오시기 시작했다. 그 시간이면 보통 우리는 함께 둘러앉아 술을 마시거나 드라마를 봤다. 전도사님은 술을 마시지도 않으면서 옆에 앉아 계셨다. 동료들은 담배를 피우면서 맥주를 마셨고, 나는 담배는 피우지 않았지만 독한 위스키를 한두 잔씩 마시곤 했다. 스트레스를 푸는 방법이 이것밖에 없었다. 그런데 옆에 전도사님이 계시니

영 불편했다. 아마 전도사님도 편하지 않으셨을 것 같다. 그런데도 자주 찾아오셨고, 우리는 그냥 그런가 보다 하면서 자연스럽게 받아들였다.

1993년 6월 경이었다. 전도사님이 그날따라 더욱 친밀하게 말씀하셨다.
"수먼, 이제 때가 됐어요. 예수님 믿어야 해요."
"전도사님이 저를 사랑해주시는 건 감사하지만 저는 절대로 믿을 수 없어요."

나는 거부했다. 왜냐면, 우리 가족은 대대로 힌두교 집안이고 네팔에는 기독교인도, 기독교라는 게 없는데 어떻게 믿을 수 있겠냐면서 말이다. 그때만 해도 네팔에 기독교가 아예 없는 줄 알았기 때문에 내가 한국에서 기독교인이 된다면 네팔인 최초일 테고, 네팔에 돌아가서 어떻게 될지 걱정스러움이 앞섰다. 전도사님은 계속 말씀하셨다. 그래도 예수님을 믿어야 한다. 모든 책임은 자신이 지겠다고. 나는 그동안의 전도사님 정성과 마음을 모른 체할 수 없어서 마지못해 말씀드렸다.

"그러면, 전도사님 앞에서만 믿을게요. 다른 사람들한테는 말하지 말아 주세요. 꼭 비밀로 해주세요. 아셨죠?"

전도사님과 나는 그렇게 합의를 하고 돌아오는 일요일에 교회를 나갔다. 외국인 노동자들이 거의 70명이 모여 있었는데 대부분 아는 얼굴이었다. 그런데 내가 자리에 앉자 전도사님이 웃는 얼굴로 "수먼이 예수님을 영접하고 믿기로 했어요"라며 동료들 앞에서 선포를 해버리는 게 아닌가! 비밀로 하기로 했는데 이런. 처음에는 '아, 이러면 안 되는데', 생각이 들긴 했지만, 곧바로 마음을 바꿨다. '아무렴 어때. 한국에 있는 동안에만 믿고 네팔로 돌아가면 안 믿을 거니까'라고 생각하면서.

나를 인도한 박웅걸 전도사님과 외국인 예배 친구들

11

칼과의 동침

전도사님과의 비밀 협약은 이틀 만에 깨졌지만, 그 또한 하나님의 섭리였음을 고백할 수밖에 없다. 평소 사람들 사이에서 나는 신뢰를 받고 있었다. 특별히 한 건 없는데, 맡은 일 열심히 하고 늘 긍정적이고 모두와 두루두루 잘 어울려서 그랬던 거 같다. 그런 내가 기독교인이 됐다고, 예수님을 영접했다고 많은 사람 앞에서 전도사님이 발표해버리셨으니 나는 모두의 감시망에 든 것이나 다름없었다. 예수님이 누구인지, 한글 성경도 제대로 읽기 힘든 데다가 찬송도 기도도 너무 어려웠다. 하지만 동료들이 내가 어떻게 하는지 보고 있다는 생각에 건성으로 예배를 드릴 수 없었다. 빠질 수도 없었다.

전도사님의 계획이 아니었나 싶다. 하나님께서 전도사님

의 마음을 움직이신 것이다. 몰래 혼자서 믿으면 대충하거나, 성경을 제대로 알기도 어려울테니 말이다. 일단 주어진 일에 최선을 다하고, 뭐든 좋은 쪽으로 생각하는 내 성격을 파악하셨으니 가능한 일이었다. 혹시라도 내가 거친 사람이었다면 전도사님이 후환이 두려워서 진짜 비밀로 하셨을지, 누가 아는가?

암튼 전도사님의 계획대로 나는 성실하게 예배에 참석했다. 아무것도 알아듣지 못했지만, 예배 자리만은 지켰다. 그리고 매일 마시던 술을 끊게 되었다. 이유는 간단했다. 교회를 다니다 보니 교회 안에는 술 마시는 사람이 없었다. 예배 후에 같이 교제도 하고 밥 먹으러 가기도 했는데 술을 주문하지 않았다. 아, 교회 다니면 술을 마시면 안 되는구나, 생각했다. 숙소에서 동료들이 술을 마셔도 유혹을 받지 않았다. 참, 신기했다. 매일 밤 마시던 술을 이렇게 쉽게 끊을 수 있다니.

하루는 일을 마치고 평소처럼 숙소에 모여서 시간을 보내고 있었다. 주변 공장에서 일하는 친구들도 거의 매일 함께 술을 안주 삼아 이야기를 나누다가 새벽에 돌아가곤 했다. 그런데 그즈음에 부쩍 술을 많이 마시는 친구가 있었다. 다른 이들은 간단하게 한두 잔 하는 정도였는데 그는 몸을 가누기 힘들

정도로 마셨다. 한동안 지켜보다가 안 되겠다 싶어서 그에게 말했다.

"술 너무 많이 마시는 거 아니야? 적당히 마시는 게 좋겠어. 우리는 여기에 돈 벌러 온 거잖아."

진심이었다. 그가 걱정되고 동생 같았기 때문이었다. 그는 화가 난 것 같았지만, 별말 없이 계속 술을 마셨다. 그런데 밖에 나갔다가 들어오더니

"형! 어떻게 친구들 앞에서 나를 창피하게 할 수 있어? 내가 형한테 잘 못 한 거 있어? 응?" 소리를 지르며 씩씩거렸다. 손에는 칼을 들고 있었다. 하지만 나는 별로 겁나지 않았다. 난 그대로 앉아서 침착하게 말했다.

"너 생각해서 얘기한 거야. 돈 벌러 왔으면 충실해야지. 술도 적당히 마시든가. 맨날 그렇게 취할 때까지 마시면 몸도 상하고, 일도 못 하게 될지도 몰라."

내 말에 조금 뜨끔했는지, 흥분이 조금씩 가라앉는 것 같

았다. 나는 그의 손을 잡아끌면서 바닥에 앉혔다. 그리고 가만히 말했다.

"너는 아내도 있고, 아들도 있잖아. 가족 생각해야지. 늦었으니까 오늘은 그만 자고 내일 얘기하자."

그는 잠깐 울먹이는 듯싶더니 내 옆자리에 누워서 곤히 잠이 들었다. 손에 쥐고 있던 칼을 우리 사이에 두고서.

다음날이었다. 그 동생이 다가와서 쭈뼛거리며 말했다.

"형, 어제 제가 술을 많이 마셔서 기억은 잘 안 나는데, 뭔가 잘못한 거 같아요. 미안해요."

뭐라고 말했는지 무슨 행동을 했는지 다 알면서도 미안하고 부끄러우니까 모른 척한다는 걸 알았지만, 일부러 들추진 않았다. 진정으로 후회하고 있는 듯해서 괜찮다고, 앞으로 열심히 살자면서 토닥여줬다. 그 후로 그 친구는 나를 더욱 신뢰하면서 성실하게 생활했다. 그를 포함한 친구들까지 열다섯 명이 자신들의 월급을 보관해 달라면서 전부 나에게 맡길 정도였다.

칼을 들고 죽이겠다고 찾아온 아찔한 순간에 교회 다니기 전처럼 나도 술을 마시고 있었다면 어떻게 되었을까? 많이 마시지 않았더라도, 그 모습에 나도 흥분을 해서 소리를 지르며 대응했을지도 모른다. 그러다가 큰 싸움으로 번졌을지도 모르고 둘 중 하나는 다쳤거나 그곳을 떠나야 했을지도 모른다. 하지만 그런 일은 일어나지 않았다. 내가 술병이 나서 병원 신세를 졌고 그 일로 전도사님과 가까워지고 교회에 다니게 된 것, 전도사님 덕분에 내가 기독교인이 된 일을 모두가 알게 되었고, 그에 맞는 행동을 하게 되면서 술을 끊은 것. 모든 걸 알고 계획하시는 하나님의 섭리 때문이었다. 언제나 하나님은 인간의 생각을 뛰어넘는다는 사실을 고백하며 감사할 수밖에 없는 이유이다.

나를 전도한 (당시엔 전도사님이었던) 박웅걸 목사님은 현재는 호주에서 목회하고 계신다. 그때도 호주에 계시다가 잠시 한국에 나오셨던 것으로 기억한다. 외국에서 이주민으로 살았던 경험이 있어서 외국인 예배를 만들었던 것 같다. 영어로 드리는 예배였는데, 다양한 국적의 근로자들이 많이 있었고, 네팔 사람들도 서른 명이 넘었다. 교회에 다닌 지 6개월 정도 지난 후였다. 전도사님은 세례를 받아야 한다고 말씀하셨다. 들어보니, 십여 명의 친구가 세례를 받는다고 했다. 그래서 나도 그렇게 하기로 하고 준비를 했고, 문답까지 마쳤다.

    1994년 1월이었다. 세례받기로 한 주일 오전에 예배 시작한 시간 전까지 오라고 해서 10시에 교회에 갔다. 시간은 계속 흐르는데, 같이 준비를 했던 친구들 모습이 보이지 않았다. 어, 왜 아무도 안 오지? 늦나? 생각하면서 혼자 멀뚱멀뚱 앉아 있었다. 11시 예배가 시작되었다. 결국, 아무도 오지 않았고 나 혼자 세례를 받게 되었다. 그런데, 이상한 일이 생겼다. 앞에 나가 무릎 꿇고 세례를 받는 순간에 "네팔에 가서 사역해야지! 부모님께도 전해야지!"라는 소리가 들렸다. 깜짝 놀라서 감고 있던 눈

세례 받은 날. 외국인 예배 마치고 박웅걸 전도사님과 함께

을 크게 떴다. 주위에서 하는 말이 아니었다. 내 마음에서 들려오는 내 목소리였다. 사역이 뭔지도 모르면서, 힌두교가 뿌리 깊은 네팔에 가서 뭘 어쩌겠다고? 스스로 어이가 없었다. 갑자기 그런 마음이 왜 들었는지 알 수가 없었다. 목사님이나 전도사님께 말씀드릴 수도 없었다.

한국에 있을 때는 기독교인이지만, 네팔에 돌아가서는 어떻게 될지도 몰랐고 확신할 수도 없었다. 당시만 해도 네팔에는 기독교라는 것 자체가 없다고, 내가 처음으로 세례받는 네팔인이라고 생각했기 때문이었다. 당연히 네팔을 향한 하나님의 마음이었다는 것도, 어떻게 일이 풀릴지도 전혀 짐작하지 못했다.

12

불법체류사라고요?

하루하루 평온하게 흘러갔다. 당시(1994년) 가구 공장에서 일하며 받는 월급은 50만 원 정도였는데, 큰 액수였다. 먹고 자는 건 공장 숙소에서 해결했고, 나가서 쓰는 돈도 별로 없었기 때문에 네팔의 가족에게 대부분을 보냈다. 그런데 교회를 다니기 시작하면서 월급에서 남는 게 많이 줄기 시작했다. 헌금도 해야 했고, 주변에서 경제적으로 힘들어하는 친구들을 그냥 지나치지 못하고 도와주곤 했기 때문이다.

그래도 궁핍하지 않아서 나름 만족했었지만, 뭔가 마음이 공허했다. 돈을 벌러 한국에 왔고, 그 목적대로 잘살고 있었다. 한국에 올 때 브로커에게 주기 위해 빌렸던 돈은 진작에 다 갚았고 아버지의 빚도 얼마 남지 않았다. 가족도 전보다 나은 생활을 하고 있었다. 나도 몸은 좀 고됐지만, 아직 젊고 건강했기에 일하는 데 별 무리 없었고, 회사와 동료들과의 관계도 좋았다. 한국에 온 지 3년쯤 되니 한국말도 어느 정도 알아들을 수 있었고 교회 생활도 점점 익숙해졌다. 하지만 이게 아닌 것 같았다. 하나님이 나를 여기까지 부르신 계획이 있지 않을까, 돈이 아니라 하나님을 위해 살아야 하는 것 아닐까, 나도 모르게 이런 생각이 들었다. 목사님이나 전도사님께 이런 고민을 이야기할 만한 상황도 되지 않아서 그냥 마음에 담아두고만 있었다. 때가 되면 어떤 확신이 생길 것이라고 생각하면서 기도할 뿐이었다.

교회 생활도 즐거웠다. 네팔 예배부가 따로 만들어졌는데, 네팔에서 사역하던 사람이 일하러 왔다가 우리와 함께 예배드리게 되었다. 그제서야 나는 네팔에도 교회가 있다는 것을 알게 되었다. 우리는 3개월에 한 번씩 '좋은 소식'이라는 신문을 만들었다. 네팔어를 손으로 직접 써서 만든, 지금 생각해보면 아무것도 아니지만 당시만 해도 많은 정성을 들였다. 설교와 기도 제목, 간증이나 사는 이야기, 시 등이 주요 내용이었다. 우리는 이 신문을 다른 교회 네팔 예배부로도 보냈는데, 이것을 보고 찾아온 사람이 있었다. 그가 바로 내 평생의 친구가 된, 까지 구룽이다. 까지는 그때 마침 공장을 옮기게 되면서 우리 교회에 나오기 시작했고, 이후로 나와 뗄 수 없는 사이가 된다.

어느 날, 네팔에서 긴급한 연락이 왔다. 아버지 건강이 매우 좋지 않다는 소식이었다. 고민하던 나는 네팔에 돌아가야겠다고 결심했다. 돈 버는 일도 중요하지만, 우선은 아버지를 돌봐 드리는 게 도리인 것 같았다. 사장님께 말씀드렸더니, 여권을 주시면서 출입국사무소에 가보라고 하셨다. 이유를 물어도 가보면 안다고 말씀하실 뿐, 다른 설명이 없었다. 나는 좀 의아했지만, 출입국사무소에 가서 직원에게 여권을 내밀었다. 잠시 후 직원이 말했다.

"수먼 고우덤 씨는 현재 불법체류자입니다. 출국하려면 벌금을 내셔야 해요."

청천벽력 같은 소식이었다. 처음엔 한국에 관광비자로 들어왔지만, 회사에서 취업비자로 바꿔준 것으로 알고 있는데, 왜 불법체류자가 되었지? 이해가 되지 않았다. 불법체류자 신분으로 한국에 살고 있었다니. 사장님은 왜 숨기고 있었지?

난 너무 답답하고 속상하고 배신감이 들었다. 아버지는 편찮으신데 바로 들어갈 수가 없었다. 벌금은 거의 이백만 원이나 됐다. 그만한 돈이 있을 리도, 빌릴 수도 없었다. 회사 사장님은 미안하다고는 하시지만, 벌금을 내줄 생각은 없었다. 나는 또다시 일자리를 옮길 수밖에 없었다. 더는 그 사장님을 믿을 수도 없었고 너무 큰 상처를 받았기 때문이다. 하지만 사장님을 미워하지는 않았다. 그도 나와 같은 인간이고, 하나님께서는 모든 인간을 사랑하신다고 배웠으니까. 아픈 마음을 달래며 기도하는 것 말고는 할 게 없었다. 다시 일할 곳을 찾게 해달라고.

감사하게도 다시 공장에 취직해서 일을 시작했다. 안산에 있는 유리 공장이었다. 교회는 계속 평촌교회로 다녔다. 네팔 예배부와 청년부에서 함께 하는 신앙의 친구들이 있었기에 어려운 상황에서도 잘 견뎌낼 수 있었다. 누군가 어려운 일을 당하거나 힘들어할 때 우리는 서로 위로해주었고 다른 방법은 없는지 알아봐 주었다. 그때를 떠올려 보면 정말 따뜻했고 가족 같았다는 느낌이 든다. 어떤 차별이나 편견 없이 모두 함께 어우러진, 하나님 나라의 모습이었다. 어려웠던 시절을 웃으면서 지낼 수 있었던 이유였다.

하루는 예배를 마치고 교인 중에 서울 방배동 신학교에 다니고 있다는 청년을 알게 되었다. 낮에는 일하고 야간 수업을 받는다고 했다. 그 순간 '아, 이거다!' 하는 마음이 들었다. 기도하면서 기다리던 어떤 확신이 바로 이것임을 깨달았다. 나는 목사님께 말씀을 드렸다. 세례받을 때 네팔에 가서 사역해야겠다고 다짐했다는 것과 그동안 남모르게 그런 길을 열어달라고 하나님께 기도해왔다고.

"수먼이 그런 결정을 해서 참으로 기쁘고 하나님께 감사합니다. 쉬운 길은 아니겠지만 같이 기도하면서 해 봅시다. 수먼은 할 수 있을 거예요"라면서 기뻐해 주셨다. 하지만 네팔에 계신 아버지께는 말씀드리는 게 쉽지 않았다. 다행히 건강은 좀 좋아지셨지만, 충격을 받으실 것 같았다. 아버지는 내가 교회에 다니고 있는 건 알고 계셨지만, 한국에 있을 때만 그러다가 네팔에 돌아오면 다니지 않겠지, 라고 생각하고 있었다. 힌두교 신을 섬기는 집안에 기독교인은 한 명도 없었고, 그럴 생각조차 하지 않는 게 당연했다.

또 학교에 다니려면 일을 그만둬야 하는데, 그것도 걱정이었다. 타격이 클 수밖에 없었다. 가족에게 보낼 돈이 없어지는 것은 물론이고, 내 생활도 힘들어질 거였다. 하지만 하나님이 나를 정말로 사용하실 거라면 모든 걸 주실 거라는 확신이 있었다. 아니, 이미 다 예비해두셨을 거라고 믿었다.

여차하면 일까지 그만둘 생각을 하고 방배동에 있다는 신학교를 찾아갔다. 학교 측에서는 "학생비자를 받아주는 건 어렵습니다. 하지만 원하시면 전액 장학금으로 공부는 할 수 있도록 해드릴게요."

내심, 한편으로 학생비자를 받으면 불법체류자 신세를 면하게 되겠다 싶었었다. 그런데 안 된다고 하니 마음이 복잡했다. 무비자 신분으로 공부를 해도 되는 것인가. 공장을 그만두지도 못하고 신학 공부를 시작하지도 못한 채 시간이 흐르고 있었다. 하지만 기도를 할수록 마음은 강해져만 갔다. 나는 하나님만 믿고 신학교에 입학하기로 했다. 당장 공장을 완전히 그만둘 수는 없어서 일과 학업을 병행했다. 쉽지는 않았다. 피곤한 몸을 이끌고 학교에 가긴 했지만, 수업에 집중이 잘되지 않았다. 일상에서 한국어로 말하는 것과는 또 달라서 책을 읽고 공부하는 것도 벅찬 일이었다. 그래도 신학이라는 공부를 한다는 것 자체는 큰 기쁨이었고, 하루, 한 달, 한 학기가 지나면서 뿌듯함도 들었다.

다음 학기가 시작되었고, 여전히 오전에는 일하고 오후에는 학교에 다니는 일상이 반복되었다. 문득 내가 어디에서 뭘 하고 있나, 라는 생각이 들기 시작했다. 돈을 많이 버는 것도 아니고, 공부를 제대로 하는 것도 아닌 어정쩡한 내 모습이 한심했다. 몸도 마음도 지치고 힘들었다. 밝고 긍정적이었던 나였는데, 얼굴에서는 웃음기가 사라지고 마음도 점점 어두워지기 시작했다.

13

죽기 좋은 날

'좋아. 오늘이야.'

수요일, 오전 근무 시간이 끝나고 있었다. 동료들이 점심 먹으러 가자며 불렀지만, 배가 별로 고프지 않다고 둘러댔다. 혼자 남아서 할 일이 있었다. 왁자지껄하던 사무실이 조용해지자, 나는 며칠 전부터 눈여겨 봐뒀던 자리에 의자를 놓고 올라섰다. 딱 알맞은 위치였다.

회사에서는 성실하고 책임감 있는 직원, 신학교에서는 믿음 좋고 열심히 공부하는 학생, 가족에게는 경제적으로 든든한 지원군인 장남. 겉으로는 완벽했다. 나라는 사람은. 하지만 속사람, 진짜 수면은 그렇지 않았다. 너무 힘들었다. 왜 살아야 하는지, 언제까지 이렇게 살아야 할지 막막했다. 하나님께 모든 걸 맡기겠다던 믿음도 점점 무뎌졌고 더는 살아갈 기운도 남아 있지 않았다. 모든 걸 그만두고 싶었다. 오늘이 그 계획을 실행하기에 가장 좋은 날이었다.

텅 빈 사무실은 고요했고 쿵쾅거리던 내 심장도 점점 가라앉았다. '후~' 심호흡을 크게 했다. 미련도 후회도 없었다. 가방에서 줄을 꺼냈다. 피부에 닿는 거칠고 투박한 감촉이 내 삶과 비슷한 생각이 들었다. 천장에 묶기 전에 눈짐작으로 재보니, 줄이 너무 길었다. 적당한 길이로 자르기 위해서 칼이 필요했다. 사무실에는 줄을 자를만한 칼이 없었다. 언젠가 창고에서 공구함을 봤던 기억이 났다. 사무실을 나와 옆에 붙어 있는 창고로 가서 공구함을 뒤적여보니, 날카로운 칼이 있었다. 그때였다. 줄에 칼을 대는 순간, 뭔가가 온몸을 통과하는 듯하면서 움직일 수 없었다. 그것은 어떤 문장이었다.

한참을 멍하게 있다가 정신이 번쩍 들어 사무실에 오니, 동료들은 모두 점심을 먹고 돌아와 있었다. 내가 형이라고 부를 정도로 친했던 과장님이 장난스럽게 말씀하셨다.

"수면! 왜 울고 있어? 난 안 때렸는데~"
"네? 내가 언제 울었다고 그래요? 안 울어요~"
"무슨 소리야~ 너 지금 울고 있잖아!"

뺨에 손을 갖다 대니 눈물이 흐르고 있었다. 거울 앞에 가서 비춰보았다. 얼굴은 이미 흠뻑 젖어 있었다. 나도 모르게 창고에서부터 눈물이 계속 흐르고 있었던 것이다. 한 문장이 머리 정수리에 콱! 꽂혀서 아무 생각도 할 수 없었던 그때부터.

"도둑은 다만 훔치고 죽이고 파괴하려고 오는 것뿐이다. 나는 양들이 생명을 얻고 또 더 넘치게 얻게 하려고 왔다."

요한복음 10장 10절 말씀이었다. 내가 스스로 생명을 끊으려고 할 때, 주님께서 '생명'이 되어 찾아오셔서 그 '생명'을 넘치게 하신다고 하셨다. 글씨로 써진 것도 아니었고, 눈앞에 성경책이 있는 것도 아니었는데 머릿속에 너무나 선명하게 그 성경 구절이 보였다. 그 순간, 스스로 목숨을 끊으려고 했던 마음이 싹 사라지고 눈물이 터졌던 거였다.

생명을 얻게 한다는 건 무엇일까? 어렸을 때 기억이 떠올랐다. 할아버지는 집에서 좀 떨어진 산속에 오두막을 짓고 따로 살았는데 염소와 소, 물소를 키우기 위해서였다. 나는 종종 할아버지의 오두막으로 가서 가축 돌보는 일을 거들었다. 오래된 나무집에는 할아버지의 소박한 음식과 생활 냄새가 스며들어 있었다. 나는 건조하면서도 노릿한 향이 풍기는 오두막이 좋았다. 더 좋았던 건 할아버지와 함께 산속을 탐험하는 시간이었다.

이른 아침, 할아버지와 나는 이슬이 채 마르기 전에 싱싱한 풀을 찾으러 다녔다. 쉽게 찾을 때도 있었지만, 해가 높이 떠오를 때까지 가축들이 먹을 만큼의 풀밭을 찾지 못할 때도 있었다. 그곳에 염소, 물소 떼를 풀어놓으면서도 어찌나 미안했던지. 나는 새끼 염소를 쓰다듬으며 말하곤 했다.

"걱정하지 마. 내가 더 맛있고, 싱싱한 풀이 있는 곳을 많이많이 찾을게. 맛있게 먹고 건강하게 자라렴!"

생명을 풍성하게 한다는 건 그런 마음일지도 모르겠다는 생각이 들었다. 더 좋은, 더 많은 풀을 찾아 산속을 헤맸던 행동은 가축들이 풀을 먹어야 죽지 않고 살 수 있기 때문이었다. 그게 소와 염소의 생명을 지키고 풍성하게 하는 것이고, 더 나아가 우리 식구도 살아갈 수 있게 했다. 그래서 험한 산길이 힘들지 않았고 오히려, 내가 찾은 풀을 맛있게 먹는 가축들의 모습에 즐거웠었다.

'할아버지와 나를 믿고 따라가면 풀이 있다는 걸, 생명이 있다는 걸 알았던 가축들처럼 나 혼자 힘으로 여기까지 살아온 게 아니었구나. 주님께서 나를 이끌어주고 계셨어. 이 생명은 내 것이 아니라 주님의 것이야. 내 생명을 넘치게 하시든, 쪼그라들게 하시든, 어떤 길로 데려가시든 그건 주님의 뜻이야. 나는 그저 따라가면 되는 거지.'

나는 계속 울었다. 과장님이 "수먼, 울다가 웃으면 어떻게 되는지 알아?"라면서 장난치고 놀려도 멈출 수 없었다. 나를 다시 살게 하는 생명의 눈물이기 때문이었다.

14

하나님이 까마귀를 보내다

"예수님!!"

부르짖는 소리에 깜짝 놀라 눈을 떠보니 방안이었다. 내 입에서 나온 거였다. 주변에는 아무도 없었다. 정신을 차리고 생각해보니, 창고에서의 사건이 떠올랐다. 수요일에는 신학교 수업이 없는 날이라서 회사에서 조퇴하고 숙소로 바로 돌아온 터였다. 오후 2시였다. 너무 피곤해서 벽에 잠깐 기대고 있었던 기억은 나는데, 어느새 잠이 들었었나 보다. 두 시간쯤 잤을까? 시계를 보니, 10시였다. 그런데 숙소에서 함께 지내는 동료들이 아무도 없었다.

아직 야근 중인가? 생각하며 숙소 밖으로 나가려고 문을 열었는데 밖이 환했다. 알고 보니, 하루가 지난 목요일 오전 10시였다. 전날 오후 2시 무렵에 잠이 들어서 한 번도 깨지 않고 잤던 거였다. 평소라면, 물도 마시고 화장실도 가느라 중간에 일어났을 텐데. 아니, 숙소로 돌아온 동료들 소리에라도 깼을 텐데, 어떻게 이럴 수 있지? 참 이상했다. 그런데 더 이상한 건 꿈이었다. 여전히 생생했고 눈에 훤했다.

나는 방배동에 있는 신학교 건물, 6층 계단 쪽에 서 있었다. 내 맞은편, 그러니까 대각선 방향으로 저 멀리에 예수님이 있었다. 우리 사이에는 구름이 엷게 흩어져 있었고, 예수님이 나를 부르시는 것 같았다.

"예수님! 제가 그쪽으로 갈게요!"

발을 떼려고 하는데 몸이 움직이지 않았다. 뒤에서 뭔가가 나를 잡아당기고 있었다. 무척 강한 힘이었는데 뒤돌아볼 수도 없었다. 나는 다시 한번 몸을 앞으로 내밀면서 힘을 모았다. 헛수고였다. 뒤에 있는 그 힘은 나를 놓아주지 않았다. 건너편에서는 여전히 예수님이 나를 기다리고 있었다. 두 팔을 벌린 채.

'포기하면 안 돼. 다시 해 보자.'

나는 온 힘을 다해 발버둥치며 소리쳤다.

"예수님!!"

얼마나 힘을 줬던지 두 팔과 두 다리가 덜덜 떨리면서 얼굴이 벌겋게 달아오르는 게 느껴졌다. 그때였다. 뒤에서 나를 잡아당기던 힘이 갑자기 확! 앞으로 밀어주었다. 나는 그 힘에 밀려서 예수님의 품에 안겼다. 그 순간, 잠에서 깨어났던 거다.

며칠 동안 깊은 고민에 빠져 있었다. 그 꿈을 꾼 이후로 뭔가 결정을 해야 한다는 마음이 강하게 들었지만, 누구에게도 말하지 못하고 갈팡질팡하고 있었다. 그러던 어느 날, 신학교에서 같이 공부하던 서후현 전도사님이 수업을 마친 후 잠깐 이야기하자면서 나를 이끌었다. 서 전도사님과는 평소에 형, 동생으로 지내며 친하게 지냈는데, 학교에 입학하고 아무것도 모르는 내게 먼저 인사를 해주셨던 분이다. 수업을 같이 듣기도 하고 점심을 같이 먹으면서 서 전도사님은 내게 물었다.

"수먼, 네팔에서 돈 벌러 왔으면 돈을 벌어야지, 예수님은 왜 믿어? 신학교 다니는 거 부모님이 알고 계셔?"

나는 그럴 때마다 부모님은 아직 모르신다고, 그래도 예수님 믿을 거라고 답하곤 했다. 처음엔 당황했었는데, 시간이 좀 지나서 전도사님이 내 마음을 떠보기 위해서였다는 것을 알았다. 여러 번 물어도 내가 흔들림이 없자 전도사님은 인정해주시더니 함께 기도해주시면서 공부도 많이 도와주셨다. 당시 전도사님은 나보다 대여섯 살 많았고 결혼을 해서 쌍둥이 아들이 있었다. 개인 사업을 하시면서 신학 공부를 하고 있었다. 우리는 강의실 앞에 있는 자판기에서 커피를 한 잔씩 꺼내어 들었다.

"수먼 전도사, 일하면서 공부하느라 많이 힘들지? 우리 집 지하에 방이 하나 있는데, 혹시 괜찮으면 들어와서 살아도 돼"라고 말씀하셨다.

나는 깜짝 놀랐다. 고민을 말하지도 않았는데 어떻게 아셨지? 사실은, 일을 그만두고 신학 공부에만 집중하고 싶은 마음이 컸다. 하지만 그렇게 되면 당장 집이 문제였다. 지금은 회사 숙소에서 생활했지만, 일을 그만두면 그곳을 나와야 했다.

먹는 거야 어떻게든 해결할 수 있을 것 같았다. 그러나 방 한 칸 얻을만한 여유는 없어서 이러지도 저러지도 못하고 근심의 날들을 보내고 있었다. 그런데 서 전도사님께서 방을 그냥 사용해도 된다고 하시는 게 아닌가. 믿기지 않았던 나는 그동안의 고민을 전도사님게 말했더니 "하하하. 하나님께서 수면을 아주 많이 사랑하시나 봐. 준비되는 대로 이사하도록 해"하면서 웃으셨다.

그 주에 나는 회사를 정리하고, 서 전도사님의 집으로 옮겼다. 사모님과 아이들도 반갑게 맞아 주었다. 옷 몇 벌과 책 몇 권이 든 가방 하나가 재산 전부였지만, 마음은 풍요롭고 따스했다. 아무런 조건 없이 나를 받아주는 그 기분은 말로 표현할 수 없을 정도로 좋았다. 일을 그만두면서 생활은 쪼들렸고 네팔의 가족에게도 미안한 마음이 컸다. 하지만 기도할수록 지금을 잘 견디면 모든 게 풀릴 거라는 믿음이 생겼다. 지금까지 지켜주신 하나님 아니었던가. 다른 무엇보다 하나님을 철저히, 더욱 신뢰하게 되었다.

그리고 이때, 나는 인생의 아주 중요한 또 한 사람을 만나게 된다.

15
이 사람이야!

공단이 있는 경기도 안산에는 외국인 노동자가 많았다. 그들을 위한 예배를 따로 드리는 교회들이 있었고, 각 예배 대표들이 한 달에 한 번씩 모임을 가졌다. 나는 평촌교회 네팔 예배부 대표로 그 모임에 참석했고, 인도네시아, 베트남, 말레이시아 등 다양한 예배의 대표들이 함께 했다. 우리는 외국인 예배에 대한 의견과 협력할 사항들을 나누며 서로를 위해 기도했다. 하루는 그 모임을 섬기는 간사 누나가 후배를 소개해주었다.

"수먼 전도사님, 모임을 함께 섬겨 줄 친구예요. 앞으로 계속 만나게 될 테니까 서로 인사해두는 게 좋을 것 같아요."

그렇게 인사하고 헤어졌다. 그리고 얼마 후 토요일이었다.

지하철을 타러 역사 내를 걷고 있었는데 맞은 편에서 어디선가 본 듯한 얼굴이 다가왔다.

"옥례 씨! 안녕하세요. 저번에 안산에 있는 교회에서 봤던…." 나는 먼저 아는 체를 했다.
"아, 네. 안녕하세요. 잘 지내시죠." 그녀가 나를 알아보며 대답했다.

그녀는 친구와 함께 아는 언니의 결혼식에 가는 중이어서 인사만 하고 헤어졌다. 그런데 이상했다. 친구를 만나서 이야기를 나누는 중에도 계속 그녀가 떠올랐다. 집에서도 학교에서도 그녀는 뭐 하고 있을까, 밥은 먹었을까 등의 생각이 떠나지 않았다. 혹시라도 우연히 또 마주치진 않을까 해서 지하철역을 서성이기도 했다. 그리고 한 달 후, 안산에서 다시 그녀를 만났다. 서로 이야기를 나누는 중에 나는 내 형편을 말하게 되었다. 같은 학교 전도사님이 방을 내주어서 자취하면서 살고 있고, 낮에는 아르바이트하면서 저녁엔 신학 공부를 하고 있다는 이야기였다. 그런 내가 짠했는지, 그녀가 반찬 몇 가지를 만들어서 갖다 준다고 했다. 나는 고마운 마음에 연락처를 주고 집으로 돌아왔다. 이미 마음 한편에 숨길 수 없는 감정이 싹트고 있는 것도 모른 체.

　며칠 후, 그녀에게 연락이 왔다. 반찬을 들고 온 그녀를 동네에 있는 분식집으로 데리고 갔다. 그녀는 자기가 사준다면서 더 맛있는 걸 먹자고 했지만, 내가 꼭 사주고 싶었다. 하지만 수중에 돈이 없었다. 내 처지를 뻔히 알고 있던 그녀는 라면을 주문했다. 라면 한 그릇씩을 앞에 두고 우리는 별다른 말은 없었다. 그럴 만도 했다. 나는 너무나 긴장한 나머지 라면을 무슨 맛으로 먹는지도 몰랐다. 그녀가 내 앞에 있다는 사실이 믿기지 않아서였다. 그녀를 배웅하고 집으로 돌아와서 서후현 전도사님께 상담을 요청했다.

　"전도사님, 얼마 전에 한 자매를 알게 되었는데 계속 생각나요. 오늘은 반찬을 만들어다 줬어요. 어떡하죠?"

　내 말을 들은 전도사님은 그 자매에게 있는 그대로, 솔직하게 말하라고 했다. 그래야 어떻게든 되지 않겠냐면서. 나는 그녀에게 전화해서 약속을 잡았다. 하지만 뭘 어떻게 해야 할지, 무슨 얘기를 해야 할지 몰랐다. 그냥 운명에 맡기는 수밖에.

그녀가 일이 끝날 시간에 맞춰서 직장 근처로 갔다. 식사하고 차를 마시면서 선교에 관심이 있는지 물어보았다. 나는 신학을 마치고 네팔로 돌아갈 계획이었기 때문이다. 그녀는 잠깐 멈칫하더니 말했다.

"네. 저는 선교에 비전이 있어요. 하나님께서 그런 마음을 주시더라고요. 토요일마다 교회 청년들이 모여서 기도회를 하는데 저는 가지 않았어요. 그런데 주일예배 때 만나면 청년들이 토요기도회에 왜 안 오냐고 여러 번 이야기하는 거예요. 그래도 집이 멀기도 해서 안 나가다가 어느 토요일에 갑자기 '한번 가볼까?' 마음이 들었어요. 그래서 갔는데, 그날따라 기도회 시간이 다 됐는데 청년들이 안 오는 거예요. 수원에서 설교하러 오신 전도사님이랑 저랑 둘이서 예배를 시작했어요. 전도사님이 한 알의 밀알이 땅에 떨어져 썩어야 한다는 주제로 말씀을 전하셨어요."

그녀는 그 말씀을 들으면서 이상하게도 마음이 뜨거워졌다고 한다. 교회를 다니면서 이미 여러 번 들은 말씀이었는데. 왜 이럴까, 하나님이 어떤 메시지를 주는 걸까? 선교에 대한 마음일까? 그녀는 고민하면서 계속 기도했다. 그러다가 인도네시

아내와 연애하던 시절

아예배에서 간사로 섬겼던 선배가 인도네시아로 선교를 나갔다. 그 자리를 그녀가 맡게 되었고, 어느샌가 그녀는 인도네시아 선교를 해야겠다는 마음을 품게 되었다고 한다. 교회에 인도네시아 형제자매들이 많아서였던 것 같다. 혼자 인도네시아어 공부를 시작한 그녀는 일을 마치면 꼭 교회에 들러서 30분 정도 기도하고 집에 갔다.

그러던 어느 날, 꿈을 꿨는데 아직도 생생하다고 했다. 아무것도 없는 벌판이 보였다. 그런데 그 땅에 표지판 하나가 딱, 세워져 있었고 '네팔'이라고 쓰여 있었다고 한다. 그녀는 그때만 해도 네팔이 뭔지 몰랐다. 그런 나라가 있는지도 몰랐으니까.

그녀는 기도하면서 그게 무슨 꿈인지 계속 하나님께 물었다고 한다. 그런데 이상하게 인도네시아 선교에는 마음이 가지 않았고, 나중에 네팔이라는 나라가 있다는 걸 알게 되었다. 그렇게 시간이 좀 흐르고 나를 만나게 된 것이다. 네팔 사람 수먼을.

그녀의 이야기를 들으면서 하나님께서 준비해 주신 사람이라는 확신이 들었다. 그녀에게 있는 그대로의 나를 보여줘도 괜찮을 것 같았다. 우리 집에 대해 솔직하게 얘기했다. 형편이 그리 좋지 않아서 한국으로 오게 된 것과 어머니가 두 분이라는 것도. 한국에서는 좋은 인상이 아닐 거라는 생각은 했지만, 감추기는 싫었다. 모든 면에서 진실해야 한다고 생각했다. 그녀는 차분하게 내 이야기를 들으며 공감해주었다. 그녀도 내가 싫지는 않았는지 그 후로 통화도 하고 만나기도 하면서 자연스럽게 교제하게 되었다. 데이트해도 근사한 곳에 가거나 비싼 음식을 먹지는 못했지만 믿음 안에서 우리는 점점 돈독해지고 있었다. 나는 심적으로 더 안정감을 느껴서인지 공부에도 더 열심을 낼 수 있었다. 교회에서도 우리의 관계를 모두 알았고, 같이 어울리면서 즐거운 시간을 보냈다.

하루는 그녀가 나를 자기 집으로 데려갔다. 딸이 누굴 만나고 있다고 하니까 어머니가 궁금해하셨나 보다. 그런데 그녀의 어머니는 나를 전도사로서는 환영해주었지만, 딸의 남자로는 아니었다. 혹시나 딸이 나와 결혼을 해서 네팔에 가게 되면 영영 못 만날 것이라는 생각 때문이었다. 지금처럼 자유롭게 해외를 다니는 때가 아니었으니 더 그랬을 것이다. 어머니의 마음은 이해했지만, 우리는 만남을 그만둘 수 없었다. 우리의 길을 하나님께 맡기고 기도하면서 더욱 신뢰했다.

하지만 여전히 나를 괴롭히는 문제가 하나 있었다. 불법체류였다. 가구 공장 사장님의 부주의로 불법체류자 신세가 된 나는 벌금이 계속 쌓이고 있었다. 떳떳하지 못한 신세로 한국에서 신학을 공부하고 있다는 것도 편치 않았다.

그러다가 신학교 3학년이 되는 98년이었다. IMF로 한국은 큰 위기를 맞았다. 많은 사업이 부도나고 경제가 침체하기 시작했다. 나라에서는 자국의 일자리를 보호하려는 방편이었는지, 외국인 노동자들을 고국으로 내보려고 했다. 내게도 소식이 왔다. 지금 네팔로 돌아가면 불법체류 기록을 전부 삭제하고 벌금도 면해준다고 했다. 이처럼 좋은 기회가 없었나. 하지만 그녀와 헤어지는 것과 학교 공부를 아직 다 마치지 못한 것이 마음에 걸렸다. 계산해 보니, 지금 나갔다가 네팔에서 다시 비자를 받아 돌아오려면 다섯 달 정도면 될 것 같았다.

"옥례 씨, 다섯 달만 기다려요. 갔다가 상황 봐서 다시 올게요."

배웅하러 온 그녀와 애틋한 포옹을 하고 입국장을 들어갔다. 그때만 해도 자신만만했다. 곧 한국으로 올 수 있을 거라고, 한 번 왔던 곳이니 더 쉬울 거라고. 그러나 하나님의 계획은 내 계획과 완전히 달랐다.

16

네팔 성경책 좀 다오

네팔로 돌아온 나는 고향 집으로 갔다. 1991년도에 떠났다가 1998년도에 돌아왔으니, 7년 만에 가족들의 얼굴을 마주 봤다. 그동안 어린아이였던 동생들은 청소년이 되었고 나는 어엿한 청년이 되어 있었다. 부모님은 고생하셔서 많이 늙으셨고, 아버지는 건강이 점점 안 좋아지고 있었지만, 병원 치료는 받을 수 없어서 약에만 의존하고 계셨다. 가족들은 나를 반기면서도 조금은 낯설어했다. 내가 한국에서 예수님을 영접하고 기독교인이 되어서이다. 부모님은 내가 네팔에 돌아오면 기독교인이기를 포기할 줄 알았는데 그게 아니라는 것을 아시고 당황해하셨다. 브라민 집안의 장남이 기독교인이면 뒷일이 뻔했기 때문이다. 친척들도 마을 사람들도 혀를 끌끌 차며 그러면 안 된다면서 내가 마음을 고치기를 바랐다. 하지만 나는 이미 하나님의 일을 하기로 서원을 한 상태였다. 하나님만이 참 생명이고 구원자이심을 직접 체험했기 때문에 다른 사람들의 말이 귀에 들어오지 않았다. 오히려 나는 아버지에게 방에 걸려 있는 여러 신의 사진과 그림을 모두 떼어내야 한다고 말씀드렸다.

사랑하는 가족과 친척들, 동네 사람들의 반대와 핍박으로 마음이 괴로웠다. 그럼에도 나는 이 길을 포기할 수 없었다. 세례받을 때 네팔에 가서 하나님의 일을 하겠다고 다짐했던 순간이 늘 생생했다. 하나님이 주신 비전을 내가 모른 체할 수 없었다. 하지만 어디서 어떻게 시작해야 할지 몰랐다. 기도하는 중에 한국에 있을 때 교회 청년이 했던 말이 떠올랐다.

"수먼! 네팔에 가면 우리 오빠한테 꼭 연락해~. 선교사로 가 있거든."

당시에는 우스갯소리로 넘겼는데, 막상 네팔에 오니 마음이 달랐다. 어떻게 해서든 하나님의 사역과 닿아있고 싶은 마음에 연락처를 알아내어 전화했다. 그분이 바로 임근화 선교사님이다. 선교사님은 여러 사역을 하고 계셨는데, 영성원(현재는 헤븐랜드 고아원으로 사용하고 있다)을 건축하게 되었다면서 도와

한국에서 노동자로 만나서 지금까지 함께 하고 있는 친구, 까지 구룽과 영성원 건축 현장에서.

달라고 하셨다. 그래서 한국에서 함께 일하고 신학 공부하다가 네팔로 같이 돌아온 친구인 까지 구룽(후에 나와 함께 세신교회 후원으로 감신대에서 신학을 공부하게 된다)과 나는 임 신교사님과 함께 일하기 시작했다. 1998년 3월이었다.

임 선교사님을 도와 일을 하면서도 명절이 되면 꼭 집에 갔다. 가족들이 제사를 지내고 그 음식을 함께 나눠 먹을 때, 나는 끼지 못하고 혼자 있어야 한다는 것을 알았지만, 그래도 빠지지 않고 갔다. 가족들은 여전히 내가 한국에서 믿었던 신을 버리고 네팔에서는 네팔 신을 믿기 원했지만, 나는 생각이 달랐다. 한국이나 네팔이나 모두 하나님의 나라 아닌가. 세계가 다 하나님 나라이고 우리는 그의 백성이라고 생각했다. 내 편이 아무도 없고 나를 손가락질하는 사람들 사이에서 정말로 이 길을 가는 것이 맞나, 그냥 나 혼자 좋아서 하는 것 아닌가, 고민을 많이 했다. 하지만 시간이 지날수록 가족들도 차차 내 진심을 알아주기 시작했다. 내가 제사 지낸 음식을 안 먹는다고 하니, 어머니가 내 음식만 따로 해서 차려주시기도 했다. 괴로웠던 마음이 편안해졌다. 그리고 나는 한 가지 결심을 하고 일주일 동안 금식기도를 했다. 어느 날 아버지가 말씀하셨다.

부모님과 함께

"네팔 성경책 있으면 한 번 줘봐라." 아버지는 두 달 만에 성경책을 다 읽으시더니 말씀하셨다. "네가 가는 길은 힘들고 어렵겠지만 계속 가라. 나는 뭐라고 하지 않겠다."

오, 하나님 감사합니다. 내가 금식하면서 기도했던 소원을 하나님께서 들어주셨다. 네팔에 돌아와 아버지의 구원을 위해 기도한 지 1년 만이었다. 힌두교대학을 나온 아버지, 모두가 인정하는 힌두교 전문가인 아버지가 성경을 인정하셨다!

아버지는 내가 주변의 비난으로 힘들어할까 봐 염려하시면서 방패가 되어 주셨다. 동네 친척들과 사람들은 장남으로서 해야 할 게 얼마나 많은데 내가 기독교인이 되어서 그 역할을 제대로 못 한다면서 야단을 치곤 했다. 내가 집을 떠나있을 때도 부모님은 그 소리를 들으면서도 감내하셨다. 아들을 믿으셨기 때문이다.

더 놀라운 것은 아버지가 방에 걸려 있던 힌두교 관련 그림들을 모두 떼어내신 것이다. 그리고 내게 말씀하셨다. "네 방에 있는 십자가, 내 방에 걸어줄 수 있니?" 놀랍고 기뻤던 나는 얼른 십자가를 가져다가 아버지 방에 걸었다. 당장 기독교인이 되시는 것은 아니었지만, 충분히 기대해 볼 만했다. 아버지 건강이 점점 나빠지고 있어서 걱정이 많이 되었다. 병원에서는 얼마 살지 못할 거라고 했다. 수술 같은 치료도 필요 없다고 했다. 그냥 약으로 몸의 고통만 다스리는 상태였다.

명절에 집에 가는 것을 제외하고는 거의 매일 임근화 선교사님의 일을 도왔다. 네팔 카트만두에서 100km 떨어진 시골 마을에 영성원을 짓기 시작하자 마을 사람들이 2~3일에 한 번씩 찾아와서 난동을 부렸다. 기독교는 여기에 들어올 수 없다면서 험악한 말로 협박했다. 날이 지날수록 강도는 점점 세졌다. 까지와 나는 공사 중인 건물에서 먹고 자며 지냈는데, 돌을 던져서 유리창을 깨기도 하고 애써서 공사를 마친 수도관을 잘라버리기도 했다. 장년 60여 명이 몰려와서 진을 치고 있었다.

하지만 우리는 묵묵히 일을 계속했다. 그들은 당장이라도 달려들 것처럼 소리를 질러댔지만, 이상하게도 무섭지 않았다. 하나님이 함께 계시는데 뭐가 두렵겠는가. 그들도 바로 앞에서 우리를 위협할 뿐, 우리 몸을 상하게 하지는 않았다. 나중에 물어보니, 우리가 엄청 힘 있는 사람으로 보여서 손대지 못했다고 한다.

하나님의 도우심이었다. 잘 먹지 못하고 바깥 생활을 하는 까지와 나는 누가 봐도 마르고 허약해 보였으니 말이다. 하나님은 또한 악을 선으로 바꾸셨다. 밤낮으로 쫓아와서 기독교를 반대하며 위협하던 마을 사람들이 후에는 그 마을에 생긴 교회의 성도가 되도록 역사하신다.

지친 마음을 기도하면서 달래고 한국에 있는 그녀를 생각하면서 버텼다. 곧 만날 수 있을 것이라는 희망으로 하루하루

이겨냈다. 당시에는 국제전화가 엄청 비쌌고, 네팔에는 우편배달도 불안정했기 때문에 연락을 자주 하지는 못했다. 아주 가끔, 목소리로 겨우 서로의 안부만 확인하는 정도였다. 한국을 떠난 지 2년이 지나고 있었다. 다섯 달 후에 온다더니 언제 오는 거냐고, 그녀가 물어봐도 확답해 줄 수 없었다. 한국으로 가는 비자 발급이 어려워서 잠깐이라도 나갔다 올 수도 없었다. 계속 알아봤지만, 한국에서 나를 초청하겠다는 곳도 나타나지 않았다. 시간이 지체될수록 마음이 무거웠다. 그녀에게 나를 계속 기다려 달라고 하기에는 너무 염치가 없었다. 그런데 그녀가 소식을 전해왔다. 네팔에 온다는 것이었다!

17

아버지 장례식장에서 쫓겨나다

그녀가 오는 날. 나는 꽃다발을 어렵게 준비했다. 입국장으로 나오는 그녀의 환한 웃음을 보자 가슴이 떨렸다. 그녀를 꽉 안아주었더니, 내 품에서 그녀가 울기 시작했다. 그동안의 마음고생이 얼마나 심했을까. 집에서는 왜 결혼 안 하냐고 다그치고, 나를 기다려야 할지 말아야 할지 아무런 확신도 없는 상황에서 말이다. 옆에 있었다면 같이 위로하면서 견뎠겠지만, 멀리 떨어져 있는 데다가 연락도 잘 못 하니까 속앓이를 많이 했을 것이다. 그래도 기도하면서 꿋꿋하게 마음을 지켜와준 그녀가 정말 고맙고 예뻤다. 그녀의 등을 토닥여주는 내 눈에도 눈물이 흘렀다. 꿈이 아니었다. 언제나 그립던 그녀가 지금 내 옆에 있다. 우리는 두 손을 꼭 잡고 공항을 빠져나왔다.

가장 먼저 가족에게 그녀를 소개하고 싶었다. 우리는 밤 버스를 타고 고향으로 향했다. 비포장 길을 낡은 버스가 달리는 길고 힘든 여정이었는데도 그녀는 잘 버텼다. 의자에 앉아 있으면 울퉁불퉁한 길 때문에 몸이 통통 튀어서 엉덩이뼈가 아팠다. 이틀 만에 시골집에 도착했다. 미리 연락을 받은 아버지가 반갑게 맞아 주었고, 다른 가족들은 외국인이 낯설어서 호기심 어린 눈으로 쳐다보기만 했다. 며칠을 함께 지내면서 그녀가 많이 노력하는 모습이 보여서 안쓰러웠다. 말도 잘 안 통하는데 같이 요리도 하고 어머니를 모시고 근처로 산책도 다니면서 처음의 어색했던 분위기가 매우 포근해졌다. 가족들도 차츰 그녀를 편하게 대해주었다.

하루는 동네에 결혼식이 있었다. 아버지는 건강이 매우 좋지 않아서 평소 거동하는 것도 힘들어하셨다. 그런데 옥례 씨와 그 결혼식에 참석하고 싶어 하셨다. 한국에서 아들 여자친구가 왔다고 자랑하고 싶으셨던 것일까? 나와 그녀는 아버지를 모시고 결혼식에 갔다. 예식이 끝나자 아버지가 우리에게 먼저 집으로 가라고 하셔서 좀 더 머무르다 오시려나 보구나, 별스럽지 않게 생각했다.

고향에서 부모님과 함께. 아버지가 사다주신 꾸르타를 입고 있는 그녀.

 3시간 정도 지났을까? 아버지가 그녀에게 줄 선물을 사 들고 오셨다. 분홍색 꾸르타였다. 꾸르타는 네팔에서 여성들이 즐겨 입는 옷이다. 아버지는 그 옷을 사려고 일부러 먼 길을 다녀오신 것이다. 기력이 없어서 걷기도 힘든 몸으로. 아버지가 살아계실 때 그녀를 볼 수 있어서 참으로 다행이었다. 그녀와 함께 보낸 며칠이 꿈처럼 흘러갔다. 그녀를 한국으로 보내며 곧 만나자고 말은 했지만, 사실은 기약 없는 약속이라는 것을 우리 둘 다 알았다.

한국으로 갈 길을 열어달라며 계속 기도하면서 임근화 선교사님을 도와 영성원을 건축하는 일에 힘쓰는 중이었다. 아버지가 돌아가셨다는 연락이 왔다. 예상하고 있던 일이었지만 막상 현실이 되니 매우 슬프고 마음이 아팠다. 아버지 장례를 치르기 위해 고향으로 향하는 버스 안에서 온갖 생각이 들었다. 내가 한국에서 신학을 하지 않고 계속 일을 해서 돈을 많이 벌었더라면 아버지가 더 오래 사시지 않았을까? 네팔에 돌아와 시골에서 농사지으며 아버지를 모시고 살았더라면 어땠을까? 내가 잘 못 살아와서 아버지가 큰 병에 걸리신 걸까? 그동안 장남으로서 아버지에게 효도하지 못했다는 생각에 가슴이 저며왔다. 하지만 아버지는 나를 원망하는 말씀은 한 번도 하지 않으셨다. 오히려 성경을 다 읽고 기독교를 인정하신 후 하나님을 믿겠다고 고백까지 하셨다. 그 고백이 겉으로만 하신 말씀이었는지 진심이었는지는 모른다. 하지만 아들이 마음 편하게 하나님의 일을 할 수 있도록, 아버지로서 최고의 응원을 해주고 싶으신 마음이었다고 생각했다.

아버지의 장례가 시작되었는데 문제가 생겼다. 힌두교에서는 24시간 안에 시신을 화장하고 13일 동안 장례식을 치른다. 아버지가 사망하면 아들들은 머리를 삭발하고 수염을 깎은

뒤, 딸들과 격리된 방에 머무른다. 장례 동안에는 옷을 입지 않고 흰 천을 몸에 두르고 즐거운 행사에 가지 않는다. 소금이 들어간 음식도 먹지 않는다. 소금은 신성한 음식인데 유가족은 신성하지 못하다고 생각하기 때문이다. 장남인 나는 아버지의 장례식을 치르는 절차에 동의는 했지만, 기독교인으로서 힌두교 문화인 머리카락과 수염은 깎지 않았다. 흰 천을 두르지도 않고 가벼운 옷차림을 했다. 친척들은 자기들과 다른 모습을 하고 장례식에 임하는 나를 못마땅해했다.

나는 조문객이 한산해진 저녁에 방 안에 앉아 있었다. 친척들이 나를 마당으로 불러냈다. 오십 명 남짓의 친척들이 마당에 모여 있었다. 그들은 내게 자격이 없다면서 집에서 나가라고 했다. 나는 아버지의 장례식인데 당연히 자식이 있어야 하는 것 아니냐고 말씀드렸다. 친척들은 내가 기독교인임을 포기하면 남아 있어도 된다고 했다. 하지만 나는 그렇게 할 수는 없었다. 겉옷도 걸치지 못한 채 마을을 빠져나왔다. 서럽고 착잡했지만, 아버지 장례 기간인데 소란스럽게 하고 싶지 않아서 따지지 않았다. 다른 곳에서 지내다가 장례식이 끝난 후에 집으로 돌아간 나를 본 가족과 친척들은 깜짝 놀랐다. 수모를 당한 내가 다시는 집으로 돌아오지 않을 것으로 생각했다고 한다. 나는 나를 쫓아낸 그들을 원망하지 않았다. 오히려 상심에 빠진 어머니와 동생들을 위로해주고 장남으로서 더 큰 책임감을 느끼게 되었다.

하나님의 사람이란 어떤 것일까, 생각을 많이 했다. 아버지의 장례식에서 쫓겨날 때, 입으로만 기독교인임을 포기하고 남아 있을 수도 있었다. 하지만 나는 단 한순간도 갈등하지 않았다. 시련을 겪을 때 거짓으로도 하나님을 원망하거나 욕하지 않고 담대히 믿음으로 나아갔던 욥을 생각했다. 그에 비하면 내가 겪는 것은 아무것도 아니었다. 결국에는 모두 내가 믿는 하나님을 알게 될 것이라고 믿었다. 하나님이 나를 한국에서부터 지금까지 단련하시는 이유가 분명히 있을 것이라고 확신했다. 그날이 더디더라도 꼭 오리라고 믿으면서 더욱 간절하게 기도하게 되었다.

18

너를 잊지 않았단다

영성원 건축은 생각보다 오래 걸렸다. 낮에는 너무 더워서 오후 3시 무렵부터 일하다 보면 자정이 넘기도 했다. 경제적으로 충분하지 않으니 돈이 있으면 자제를 사다가 공사를 했고, 돈이 떨어지면 공사를 멈춰야 했다. 건물을 올리기 위해 바닥을 다지고 벽돌 하나하나를 손으로 직접 쌓아 올려 시멘트를 바르는 일은 여간 힘든 노동이 아닐 수 없었다. 비가 많이 내리면 나무로 만든 지붕에 물이 새서, 밤에는 비를 피해 이리저리 자리를 옮겨 다니며 쪽잠을 자야 했다. 그 와중에 동네 사람들의 방해까지 감당해야 했으니, 언제나 긴장 상태였다.

하지만 하나님의 뜻이 있다면 언제가 되었든 그 일을 행하실 것이라고 믿었다. 한국도 아주 오래전에는 기독교를 핍박했

완공된 영성원 건물 앞에서

다고 들었다. 외국에서 선교하러 온 선교사님과 기독교를 받아들인 한국인들을 잡아다가 가두고 죽이기도 했다고 말이다. 그랬던 한국이 지금은 어떤가. 곳곳에 하나님의 교회와 사람들이 세워져서 복음의 나라가 되었다. 또한, 해외 여러 나라에 선교사를 파송해서 교회를 짓고 하나님을 전하고 있지 않은가. 기독교를 법으로 제한하고 있는 네팔도 언젠가는 한국과 같은 부흥과 복음의 나라가 될 거라고 믿었다. 하나님이 네팔을 얼마나 사랑하는지 알기 때문이다.

어떤 때는 임근화 선교사님과 같이 한국에서 온 선교팀에게 통역을 하기도 했다. 한국에서 몇 년 살면서 한국말을 알아듣기도 하고 할 줄도 알았기에 가능했다. 그 일에 협력하면서 나 역시 많이 배우고 깨달으면서 믿음으로 더욱 성숙해져 갔다. 거의 3년을 매달린 끝에 영성원이 지어졌다. 현재(2024년) 영성원은 보육원으로 사용하고 있고, 근처에 감리교회가 지어져서 믿는 사람들이 많아졌다. 방해하고 핍박하던 사람들이 많았던 마을이었는데 말이다. 하나님의 역사하심은 인간의 생각과 행동보다 언제나 앞서 있음을 깊이 느꼈다.

한국을 향한 기대감도 점점 희미해지고 임 선교사님을 도우며 지내고 있을 때였다. 한국에서 초청이 왔다. 그토록 원했던 길이 열린 것이다.

기독신학교를 다니다가 비자 문제로 네팔로 돌아와야만 했을 때는 서럽고 속상했다. 하나님이 나를 이곳까지 이끄셨다고 생각했었는데, 앞이 캄캄한 상황이 계속되니 확신이 서지 않았다. 과연, 맞게 가고 있는가. 내가 원해서 가는 길 아닌가. 내가 진짜 소명이 있는가. 묻고 또 물었었다. 내 힘과 의지로 해 보려고 여러 통로를 접촉해보았지만 헛수고였다. 취업

비자 받기도 아주 까다로워져서 함부로 한국을 나오기 힘들었다. 불법체류자 신세가 되었던 것을 생각하면 섣불리 브로커를 의지할 수 없있다. 이도 저도 나 막히니, 지치고 포기하게 되었다. 그제야 때가 되면 하나님이 알아서 해주시겠지, 라는 고백을 하게 되었다. 인간의 모든 것을 내려놓자 하나님이 일하기 시작하셨다.

한국에서 오신 목사님과 선교팀을 안내하면서 통역을 할 때였다. 임근화 선교사님을 파송한 세신교회 김종수 목사님이 오셨다. 김 목사님이 사역지를 둘러보실 때 내가 동행했다. 네팔은 어디를 가든지 차를 타고 오랜 시간이 걸렸기 때문에 목사님과 이런저런 이야기를 나누게 되었다. 그러다가 내가 한국에 노동자로 갔던 것, 신학을 하다가 도중에 돌아올 수밖에 없었던 것, 기회가 오면 다시 한국으로 가서 공부를 마치고 목사가 되어 네팔에서 사역하고 싶다는 것 등을 이야기했다. 그저 어른에게 답답한 마음을 토로한다는 생각이었다. 실제로 이야기하고 나니 마음이 한결 가벼워진 기분이었다. 내 사정을 들으시면서 많이 안타까워하신 김 목사님은 하나님의 뜻을 구하며 방법을 찾아보자고 말씀하셨다. 그 후로 또 속절없이 시간이 흘렀다.

그러던 어느 날, 세신교회 김종수 목사님이 신학을 공부할 수 있도록 돕겠다는 연락이 왔다. 감리교신학대학교에서 학생 비자를, 교회에서 학비를 지원해주겠다는 내용이었다. 네팔에 돌아온 지 5년 만이었다. 뛸 듯이 기뻤다. 내가 그토록 몸부림 칠 때는 응답이 없던 하나님이셨다. 그런데 모든 기대감을 내려놓고 현재의 내 모습으로 네팔에서 할 수 있는 사역을 해야겠다는 생각을 하니, 하나님이 응답하셨다. 인간의 시간과 하나님의 시간이 다름을 깨달았다. 나는 당장이라도 한국에 가서 모든 과정을 빨리 마치고 싶었다. 그래야만 하나님의 일을 할 수 있을 거라고 믿고 여러 통로를 알아보았다. 하지만 하나님의 방법은 달랐다. 하나님은 사람의 힘과 방법이 아니라 당신의 계획과 뜻을 온전히 신뢰할 수 있을 때까지 기다리셨다. 비로소 나는 내 의지가 아닌 하나님만 의지하는 방법을 배웠다. 지금껏 하나님만 의지하며 살아왔다고 생각했었는데, 마음 깊은 곳에는 여전히 내가 할 수 있다는 자만이 남아 있었던 것이다. 5년 동안 하나님이 나를 깎고 쪼개고 다듬고 계셨음을 깨달았다. 나를 잊으신 게 아니라, 여전히 나를 사랑하고 계신다는 것도.

19

진짜 가족이 되어준 사람들

2003년 2월, 5개월 후에 다시 오겠다고 했는데, 5년이 지나서야 한국 땅을 다시 밟았다. 98년도에 네팔로 오면서 옥례 씨에게 5개월 후에 다시 만나자고 했던 것은 근거가 있었다. 당시 평촌교회 담임목사로 계시던 고준규 목사님이 그해 8월에 나를 기독신학교 학생 신분으로 다시 불러주기로 되어 있었다. 그런데 고 목사님에게 갑자기 암이 찾아왔고 수술을 하셨지만 끝내 하나님 곁으로 가셨다. 사정이 이렇게 되면서 내가 한국으로 돌아올 수 있는 길이 끊어져 버렸던 것이다. 하지만 이 또한 하나님의 섭리였다고 믿는다. 그때 한국에 와서 신학을 공부했다면 감리교를 만나지 못했을 것이다.

그동안 한국은 더 발전하고 당당해진 모습이었다. 지난해 있었던 월드컵의 열기도 아직 남아 있었다. 네팔에 있으면서 전부 챙겨보지는 못했지만, 한국의 축구가 무척 강하다는 걸 알게 되었다. 그러나 한국 사회는 어딘가 어둡게 느껴졌다. 눈부신 경제 발전에 비해서 많은 사람이 살기 힘들어했고, 실업자가 많았다. 반면에 부자는 계속 부자가 되고 있다고 했다. 하나님은 과연, 한국에 어떤 계획을 갖고 계시는 걸까. 이 사회에서 나는 어떻게 살아가야 할까.

한국에 도착하자마자 까지와 나는 세신교회로 출발했다. 까지는 고맙고 든든한, 형제보다 더 애틋한 친구다. 처음 한국에 나왔을 때 교회를 다니면서 까지를 알게 되었다. 그도 역시 어려운 가정 형편 때문에 한국에서 돈을 벌고 있었다. 우리는 같이 신앙생활을 하면서 힘든 시절을 견딜 수 있었다. 마음을 터놓고 의지할 수 있는 친구가 있어서 정말 큰 힘이 되었었다.

그 인연은 네팔로 돌아갔을 때도 이어졌다. 임근화 선교사님 옆에서도 우리는 함께 지냈다. 사람들이 기독교인이라면서 멸시하고 위협할 때도 까지와 함께여서 두려움을 이길 수 있었다. 이번에 한국에도 까지와 동행했다. 인생의 고난을 함께 했던 친구와 사역을 계속할 수 있기를 기도했었는데, 하나님이 소원을 들어주셔서 감사하고 기뻤다. 세신교회 김종수 목사님을 만나러 가는 발걸음이 너무 가벼웠다.

목사님이 웃으며 맞아 주셨다. 네팔에서 며칠 같이 지냈을 뿐, 잘 알지도 못하는 우리에게 신학을 공부할 수 있게 해주신 고마운 분이었다. 하나님 없이는 불가능한 일이었다. 그 하나님이 한국교회로 하여금 해외 선교에 대한 비전과 사명을 갖게 하셨다. 특히나, 네팔은 힌두교가 너무 강하게 뿌리내리고 있어서 지속적인 기도가 필요했다. 지치지 않고 그 일에 함께 동역해주는 한국교회와 성도님들이 참으로 감사했다. 김 목사님은 곧 시작되는 학교생활과 공부를 위해 기도해주셨다. 또, 교회 교육관에 있는 숙소에서 지낼 수 있도록 배려해 주셨다. 얼마나 감사한가. 등록금은 세신교회와 감신대학교에서 주는 외국인특별장학금으로 해결할 수 있었지만, 방을 얻을만한 능력은 되지 않았다. 세심하게 배려해 주시는 목사님의 마음에 울컥했다.

이제 일주일 후면 시작이었다. 감신대에서의 시간은 또 어떻게 지나갈까? 어떤 사람들을 만나게 될까? 무사히 공부를 마칠 수 있을까? 그토록 기다렸던 일이었지만 막상 닥치니 설레면서도 왠지 모를 걱정이 앞섰다. 그리고 또 하나, 해결해야 할 일이 있었다. 인생의 가장 중요한 결정을 앞둔 날이 다가오고 있었다.

두 번째는 처음 한국에 왔을 때보다 훨씬 편안했다. 사랑하는 그녀가 있었고, 오래전부터 함께 고생한 친구인 까지와 늘 따듯한 서후현 목사님이 계셨기 때문이다. 한국에 도착한 지 며칠 지나지 않았는데 서 목사님이 "수면, 이게 필요할 거야" 하시면서 종이 가방을 하나 건네셨다. 그 안에는 말로만 듣던 휴대전화가 들어 있었다. 깜짝 놀라는 나를 보시는 목사님은 그냥 웃기만 하셨다. 정말 감사하면서도 한편으로는 죄송한 마음이 들었다. 목사님은 상가 건물에서 몇 명의 성도와 아담한 목회를 하고 계셨다. 그리 넉넉하지 않은 형편에서 나를 생각하신 것이다.

오래전부터 목사님은 내 필요를 먼저 아시고 늘 손을 내미셨다. 거할 곳이 없을 때 방을 내어주셨고, 쌀이 떨어지면 어떻게 아셨는지 채워주셨다. 신학 서적이 필요해도 돈이 없어서 사지 못하고 있을 때, 책을 사주시기도 했다. 그녀와의 관계를 고민할 때도 솔직하고 진심 어린 말씀으로 힘을 주셨다. 너무 힘들어서 전부 포기하고 싶을 때 정말 큰 힘과 위로가 되어주신 분이었다. 아마도 서 목사님이 안 계셨으면 지금의 나도 없었을 것이다. 이걸 어떻게, 언제 다 갚을 수 있을까? 그저 하나님께 기도할 뿐이다. 목사님의 가족과 사역마다 하나님께서 함께해주시고 풍성한 은혜를 주시기를.

학기를 시작하기 전 그녀와 중요한 일을 상의하고 싶어서 급한 일들을 서둘러 처리하고 하루 시간을 내었다. 아무것도 없는 나를 긴 시간 기다려준 그녀였다. 한국의 문화와 정서 안에서 서른이 넘은 여자가 얼마나 힘들었을까. 내가 짐작하는 건 한계가 있겠지만. 가족과 지인들이 왜 결혼 안 하냐고 묻는 횟수는 늘어나고 나이는 들어가도 그녀는 뭐라고 말할 수 없었다. 네팔에 있는 남자를 계속 기다려야 하는 걸까, 언제까지 기다려야 할까, 하루에도 여러 번 스스로 물었지만 알 수 없었다. 하나님이 선교의 비전을 주셨다고 믿었는데, 어떤 길도 열리지 않으니 답답한 그녀는 매일 저녁 교회에서 기도하고 집으로 돌아가는 길을 걸으면서 많이 울었다고 한다.

교회의 한 자매는 러시아로 선교하러 가게 되어서 열심히 준비하는데 자기만 그 자리에 머물러 있는 것 같고, 하나님이 어떠한 응답도 해주지 않는 것 같아서 괴로웠다고. 내가 네팔에서 한국으로 나올 기미가 보이지 않자, 나에 대한 확신도 점점 희미해지고 포기하고 싶은 마음도 들었다고 한다. 그럴 때마다 희한하게도 교회 한 자매가 "옥례야, 수면 잘 지내고 있어?", "옥례는 수면이 있어서 참 좋겠다"라고 말하면서 격려해 줬다고 한다. 그러면 그녀는 다시 기운을 내서 하나님의 뜻이 이루어지기를 기도할 수 있었다고 한다. 그녀의 그동안의 이야기를 들으며 마음이 아팠다.

"옥례 씨, 그동안 많이 힘들었죠? 이제는 당신 곁에서 떠나지 않을 거예요. 우리, 결혼합시다."

나는 그녀에게 청혼했다. 네팔에 있을 때부터 계획하고 있던 일이었다. 한국에 가는 대로 그녀와 바로 결혼해야지, 라고. 물론 가진 것도 없었고 공부하는 학생 신분이라서 일을 할 수도 없었다. 하지만 그녀와 함께라면 아무것도 두렵지 않을 것 같았다.

"좋아요. 우리 결혼해요. 계속 기도했어요. 수면이 내 남편감이면 어머니가 마음을 돌이키고 편안해지시기를요."

며칠 후 나는 그녀의 집을 찾아갔다. 어머니에게 결혼 허락을 받기 위해서였다. 7년 전에 찾아뵈었을 때는 강하게 반대하셨었다. 딸을 해외로 시집보내는 게 마음에 내키지 않으셨기 때문이다. 시간이 흐르고, 그때와 달라진 건 많이 없지만, 그녀를 사랑하는 마음은 더 커졌다. 얼마나 많이 기도하며 이날을 기다렸던가. 하나님께서 함께하실 것이라 믿고 당당하게 문을 두드렸다. 그런데 뜻밖의 광경이 펼쳐졌다. 그녀의 어머니와 가족들이 웃으면서 반갑게 맞아 주셨다. 더 놀라운 건 어머니가 아주 쉽게 결혼을 허락해 주신 것이었다.

"수먼 전도사님, 전에는 딸을 보내면 영영 볼 수 없을까 봐 그랬답니다. 하지만 이제는 알아요. 네팔이라는 나라에 가서 살아도 다시 만날 수 있다는 것을요. 서로 아끼면서 잘 살기를 기도할게요."

그녀의 어머니는 정성을 다해서 밥상을 차려주셨다. 그때 내가 얼마나 맛있게 먹었는지 그 후에도 갈 때마다 그 음식을 만들어 주셨다. 갈비찜이었다. 어머니의 뜻밖의 환대에 감사하고 행복했다. 언제나 허공에 붕 떠 있는 것 같았는데 안산의 가족이 나를 받아들여 줌으로써 안정감을 느낄 수 있었다. 한국을 제2의 고향이라고 생각만 했었는데, 진짜 가족이 생긴 것이다.

20
바울과 디모데처럼

나, 까지, 김호운 전도사님(감신대신대원을 다니고 있던 중국인 유학생), 우리는 세신교회 교육관 6층에 있는 방에서 함께 지내기 시작했다. 평일에는 학교에 가서 공부하고 주일에는 세신교회에서 중고등부 교사로 봉사를 했다. 토요일엔 학교 앞 전도를 하고 돌아오면 교회 권사님들과 함께 예배당과 계단 등을 청소했다. 처음엔 나보다 훨씬 어린 학생들과 예배를 드리면서 교감해야 하는 것이 아주 어색하고 어려웠다. 대화는 그렇다고 해도 정서적으로 많은 거리감이 있었다. 지성이면 감천이라고 했던가. 일부러 반 학생들이 좋아하는 음악을 듣고 텔레비전이나 만화를 보면서 조금씩 다가갔다. 어색하던 사이가 차츰 편안해지면서 예배 분위기가 좋아졌다. 나 역시 학생들과 함께 교육 담당 목사님의 설교를 듣고 반별 모임을 하면서 어렵고 잘 모르던 성경을 쉽게 접할 수 있었다. 이때의 경험은 후에 네팔에서 목회할 때 많은 도움이 되었다. 대상의 나이를 떠나서 기독교가 낯설고 어색한 네팔 사람들의 눈높이에 맞춰 조금씩 다가갈 수 있는 지혜를 얻었다.

사람의 마음이 편해지면 간사해지는 건가 보다. 이 정도면 행복하다고 여겼던 일상에 금이 가기 시작했다. 그냥, 힘들었다. 밥 해 먹으며 학교에 다니는 것도, 오랜만에 공부하다 보니 수업을 따라가는 것도 벅차고 힘들었다. 사람과의 관계도 쉽지 않았다. 김호운 전도사님이 이런 내 사정을 들으시더니 말씀하셨다.

"학교에 이덕주 교수님이라고 계시는데, 같이 만나볼래? 힘들 때 상의하면 좋을 거야."

그렇게 나는 이덕주 교수님을 만나게 되었고 학교생활의 어려움을 토로했다. 교수님은 내 이야기를 경청해주시고 함께 마음 아파하시면서 기도해주셨다. 자신이 미국에 갔을 때, 한국에서 온 유학생들이 많이 힘들어하는 걸 보셨다면서 나 같은 외국인들의 상황을 공감해주셨다. 그렇게 우리 몇은 힘들고 지

겨자씨 모임을 이끌어 주신 이덕주 교수님과 외국인 친구들(사진은 신대원 졸업식 때 찍은 것)

칠 때 교수님을 찾아가서 마음의 위로를 얻고 다시 힘을 낼 수 있었다. 또한, 교수님 자신도 어렸을 때부터 어렵고 힘들게 살았던 이야기를 들려주시면서 끝까지 하나님 손을 놓지 말고 기도하면서 살자고 하셨다.

하루는 교수님께서 정기 모임을 만들어보면 좋겠다고 하셨다. 우리도 원했지만 바쁘신 교수님께 감히 먼저 말씀드릴 수 없었는데 먼저 제안해 주셔서 얼마나 감사했는지 모른다.

네팔, 방글라데시, 캄보디아, 몽골, 베트남, 일본, 브라질, 중국, 카자흐스탄 등에서 유학 온 10여 명의 학생이 모였다. 우리는 모임의 이름을 '겨자씨'라고 정했다. 작은 겨자씨 한 알이 썩고 나무가 되어 열매를 맺는 것처럼, 또 그 나무에 새들이 깃들어 쉼을 얻는 것처럼, 우리도 그러한 믿음의 사람이 되고자 했다. 수요일마다 우리는 교수님의 연구실에 모여서 예배를 드렸다. 교수님은 그때마다 우리에게 힘과 위로의 말씀을 전해주셨고 우리는 그 말씀을 영양분 삼아서 또 한 주일을 살았다. 작은 모임이었지만 우리는 우리의 삶과 고민뿐 아니라, 기쁨과 즐거움도 함께 나눴다.

지금도 기분 좋은 추억 하나가 있다. 겨자씨 모임을 할 때, 교수님 사무실에 가면 사탕바구니가 있었는데, 나는 그 바구니가 귀여우면서도 좋았다. 갈 때마다 사탕 하나씩 먹는 재미도 있었다. 그때의 기분을 우리 학생들도 느끼게 하고 싶어서 네팔신학교 내 사무실에도 사탕바구니를 뒀다. 그런데, 내 기대와 다르게 학생들이 한 움큼씩 집어 가는 것이 아닌가. 처음엔 계속 채워뒀는데 점점 감당하기 어려워졌다. 결국, 바구니를 치워 버렸다.

교수님과의 인연은 현재까지 이어져 오고 있다. 감신대 신대원 졸업 후 목사안수를 받고 네팔에서 개척을 했을 때도 찾아오셨고 이후로도 여러 차례 오셔서 힘이 되는 말씀으로 함께 해주셨다. 교수님은 내가 학부 시절부터 한결같이 '자기를 높이려 하지 말고 항상 낮추어라'라고 말씀하셨다. 예수님도 그렇게 사셨다면서 말이다.

지금도 나는 그 말씀에 부끄럽지 않게 살려고 애쓰고 있다. 그렇다고 내가 완벽한 사람은 아니고 잘못할 때도 있지만, 말도 행동도 늘 조심하려고 노력한다. 어디를 가든지 이덕주 교수님의 제자로서 떳떳해지고 싶지, 교수님을 욕되게 하고 싶지 않아서이다. 교수님도 누군가에게 내가 제자라고 서슴없이 말씀하실 수 있기를 바라기 때문이다. 교수님은 어떻게 생각하실지 모르겠지만, 나는 언제나 교수님을 영적인 아버지라 여기며 많은 의지를 하고 있다. 바울이 디모데를 영적으로 양육한 것처럼 말이다.

21

남동생과의 갈등

학교 생활도 교회 생활도 안정되어 가고 있었다. 나는 작심하고 그녀를 만났다.

"우리가 결혼하기로 약속했고, 부모님 허락도 다 받았는데 미룰 이유가 없을 것 같아요. 올해 안에 결혼하고 싶은데, 어때요?"

아직 학부 1학년생이었고, 경제적인 능력이 없어서 미안했지만, 그녀는 모두 이해해 주었다. 선교에 대한 비전을 품었을 때부터 풍족하거나 탄탄대로인 삶과는 거리가 멀 것이라고 나름대로 다짐하고 있었던 것이다.

우리는 97년도에 안산에 있는 한 교회에서 처음 만났다. 중간에 5년 이상을 멀리 떨어져 있으면서 어렵고 힘든 시기도 있었지만, 그때마다 하나님이 서로를 더욱 신뢰할 수 있도록 마음을 다잡아 주셨다. 우리는 내가 다시 한국에 돌아온 그해, 2003년 12월에 결혼식을 올리기로 하고 가족들과도 이야기를 마쳤다. 실은 몇 달 남지 않은 상황이었다. 네팔 가족들은 형편상 한국에 나오기 힘들어서 세신교회 김종수 담임목사님과 사모님께서 부모님을 대신해 주시기로 했다. 정말 감사했다. 그런데 결혼식 날짜는 다가오는데 준비된 것이 없었다. 예식은 교회에서 하기로 했고 방을 구해야 했다. 하루에도 대여섯 군데를 돌아다녔지만, 돈이 맞지 않았다. 겨우겨우 돈을 마련해서 월세방 한 칸을 얻었다. 그러고 나니 신혼여행 갈 여비가 없었다. 하지만 우리는 그리 개의치 않았다. 여행이야 나중에 가도 된다고 생각했다.

하루는 서후현 목사님이 결혼식 준비는 잘되고 있느냐, 신혼여행은 어디로 가느냐며 물어보셨다. 나는 솔직하게 말씀드렸다. 신혼여행은 나중에 형편이 좋아지면 가기로 했다고 말이다. 그랬더니, "아유, 안 돼. 신혼여행은 가야지~ 지금 안 가면 나중에 가기 힘들어. 내가 경비 보태줄게. 신혼여행 꼭 다녀와,

알았지?"라고 말씀하셨다.

대체, 하나님은 어디까지 내다보시는 걸까? 이번에도 어김없이 하나님은 다른 사람을 통해서 우리의 필요를 채워주셨다. 그녀에게는 미안했지만, 신혼여행은 포기하려고 했었다. 그런데 서 목사님의 도움으로 신혼여행을 다녀올 수 있게 된 것이다. 우리는 12월 13일 결혼식을 올렸다. 그리고 난생처음 제주도로 여행을 다녀왔다. 방 한 칸에 단출한 살림이었지만, 우리는 참으로 행복했다. 하루하루가 감사했고 마음만은 풍요로웠다. 방학한 틈을 타서 우리는 네팔에 갔다. 집에서 결혼 축하 파티를 열었다. 동네잔치였다. 신랑 신부를 반갑게 맞아 주는 가족과 동네 사람들은 맛있는 음식을 먹고 마시고 춤을 추면서 하

결혼식날 서후현 목사님과 함께(오른쪽 끝)

제주도에서 행복한 시간

네팔 고향집 마당에서 열린 결혼 축하 파티

루를 온종일 즐겼다. 우리가 나중에 천국 백성으로 만나 이렇게 즐거우면 얼마나 좋을까 생각하니 기도가 절로 나왔다. 주님, 이들을 사망의 골짜기에서 생명의 길로 인도해주소서.

우리는 예쁜 딸, 소피아를 얻었다. 국경과 언어에 매이지 않고 자유롭게 하나님께 쓰임 받는 자녀가 되기를 기도하며 낳은 아이였다. 하지만 빠듯한 살림에 식구가 한 명 느니 예산이 무시 못 할 정도로 많이 필요해졌다. 아내가 출산으로 직장을 잠시 쉬어야 해서 더 그랬다. 어느 날, 나는 학교에 있었고 아내와 아기만 집에 있었는데 모르는 중년 여성이 우리 집을 찾아왔다. 자신이 기도하는 중에 우리를 도와줘야겠다는 감동이 왔다는 것이있다. 어떻게 우리를 알게 되었고, 집을 찾아왔는지 아무도 몰랐다. 그 여성은 아기가 있는 것을 보더니 분유나 기저귓값에 보태라면서 봉투를 건네려고 했다. 하지만 아내는 그것을 받을 수 없어서 그냥 돌려보냈다. 그런데 며칠 후에 또다시 찾아왔다. 손에 기저귀를 들고. 하나님은 이렇게 우리가 필요한 것을 아시고 채워주셨다. 사막에서 까마귀를 통해 엘리야를 먹이셨던 것처럼 말이다.

아내는 어려운 중에도 내 옆에서 많은 힘이 되었다. 내가 힘들었던 경험이 있기 때문에 네팔에서 온 노동자들에게 뭔가 도움을 줄 방법이 없을까 고민할 때도 아내는 우리 집에서 모일 수 있도록 먼저 제안했다. 매달 한 번씩 우리 집에 네팔 친구들과 모여서 함께 기도하고 저녁 식사를 했다. 그때마다 아내는 손수 네팔 음식을 만들어 주었는데 그 솜씨는 네팔 친구들도 인정할 정도로 맛있었다. 타지에서 고향이 늘 그리운 우리에게는 마음을 적시고 채워주기에 충분했다.

한국에서의 삶은 평화로웠지만, 때때로 마음을 괴롭히는

한 가지가 있었다. 네팔 가족과의 갈등이었다. 가족은 아버지가 안 계시니 장남인 내가 경제적으로 도움을 줄 것으로 생각했다. 하지만 내 처지가 어떤가. 학생 신분인 데다가 경제 활동은 아내가 오롯이 감당하고 있었다. 딸도 있었다. 우리 식구 살아가기만도 벅찬 생활이었다. 정기적으로 도움을 줄 수 있는 형편이 아니었다. 하지만 가족은 이해하지 못했다.

특히 바로 아래인 남동생은 "형은 한국에서 잘 먹고 잘살면서 우리를 이렇게 모른 체할 수가 있어?"라면서 나를 원망했다. 예전에 한국에서 공장 다니며 돈을 보냈던 것을 생각하면서 내가 지금도 그렇게 돈을 벌고 있으리라 짐작하는 것 같았다. 그때와는 다른 상황임을 이야기해도 믿기는커녕 거짓말이라고 여겼다. 가족이 나를 이해해 주지 못하면, 누가 나를 이해해 줄까. 괴롭고 서운했다. 아내가 마음 아파할까 봐 처음엔 이야기하지 않다가 결국엔 고백했다. 아내는 손을 잡더니, 기도하자고 했다. 하나님께서 가족의 마음을 주관해달라고. 우리는 새벽기도회에 갈 때마다 기도했다. 인간적으로는 도저히 방법이 없었고 언제나 그랬듯이 매달릴 곳은 하나님뿐이었다. 한 가지 방법이 떠올랐다.

한국에서 소피아의 돌을 함께 보낸 어머니

아내와 나는 어머니와 남동생을 한국으로 초청했다. 마침 딸 소피아의 돌도 다가오고 있었다. 좁은 집에서 5명이 한 달 동안 우리가 살던 방식대로 함께 지냈다. 가끔 관광지를 가거나 외식한 것 말고는 특별히 뭘 더하지도 빼지도 않았다. 나는 기회가 되는 대로 어머니와 남동생에게 하나님을 왜 믿어야 하는지 전했다. 처음엔 거부 반응을 보이던 남동생이 조금씩 변하는 것 같았다. 네팔에서는 형이라는 위계 때문에 동생에게 나는 무서운 존재였는데, 한국에 와서 보니 무서운 형이 아니라, 너무 부드럽고 재밌는 형이라는 것이다. 형을 이렇게 변화

시킨 기독교, 하나님이라는 존재에 관심을 갖기 시작했다. 조금씩 마음이 열리는 것을 보면서 하나님께 감사했다.

네팔로 돌아가기 전에 남동생은 "형이 이렇게 열심히, 힘들게 살고 있는지 몰랐어. 오해해서 미안해"하며 눈물을 흘렸다. 이해해줘서 고마웠다. 게다가 네팔에 돌아간 동생이 신학교에 입학하기로 했다면서 소식을 전해왔다. 얼마나 감격스러웠는지! 가족들의 구원을 위해 늘 기도하던 우리 부부에게 한 줄기 빛이 비치는 듯했다. 하나님께서 우리 기도를 듣고 계신다는 걸 다시 한번 체험하는 순간이었다. 남동생은 신학 공부를 마쳤을 뿐 아니라, 현재 내가 목회하고 있는 세계선교교회의 신실한 성도 중 한 명이자 장로이다. 교회의 크고 작은 일을 함께 상의하며 우리는 가족을 넘어서 믿음의 동역자로 지내고 있다. 또한, 동생은 결혼해서 3자녀를 두었고 착실하고 믿음 좋은 남편이자 아버지로서 다른 사람들의 모범이 되고 있다.

힌두교도가 대부분인 네팔에서 기독교인 한 명이 끼치는 영향은 클 수밖에 없다. 하나님께서 원하시는 삶이 어떤 건지 삶으로 보여준 동생이 뿌듯하고 믿음직스럽다. 네팔도 자본과 물질을 추구하는 사람이 많아지고 있다. 나 역시도 그런 흐름에 따라서 한국으로 돈 벌러 갔지 않았나. 지금 젊은이들은 그때보다 대학 졸업생이 많다. 그들 중 소수는 해외 유학을 원하고 대부분은 자국에는 일자리가 많이 없기 때문에 해외로 가서 돈을 벌고 싶어한다. 인도로도 많이 가고 영국 군인이나 경찰로 지원하기 위해서 체력훈련을 하는 남자 청년들을 심심치 않게 볼 수 있다. 하지만 예전과 비교하면 점점 어려워지고 있는 현실이다.

여전히 한국으로도 많이 가고 싶어 하지만 90년대 초와는 많이 달라져서 지금은 한국어 시험을 보고 합격선을 넘어야만 비자를 받을 수 있다. 사람이 살아가기 위해서 경제적인 것이 필요하지만 어느 정도 본질을 잃지 않고 자신의 자리에서 열심히 살며 이웃을 돌아볼 줄 아는 사람이 많아지면 좋겠다. 기독교인이 먼저 그런 삶을 살아야 할 것이다. 그런 면에서 남동생이 대견하고 든든하다.

22

주만 바라볼지라

　　2006년 학부 4학년 가을학기부터 선교사 훈련을 받기 시작했다. 이때 박대인 전도사님을 만나게 되었다. 함께 어울리며 지냈는데, 전도사님이 간혹 며칠씩 학교에서 보이지 않았다. 어디를 그렇게 다니냐고 물었더니 하루는 나보고 따라오라고 하시는 것이 아닌가. 나는 어디를 가는지도 모르고 따라나섰다. 서울에서 버스를 타고 한참을 갔다. 하지만 내가 누구인가. 네팔에서 비포장 길을 밤새워 다닌 경력이 있으니 그 정도는 아무것도 아니었다. 게다가 한국은 네팔보다 도로 사정이 훨씬 좋았으니까 잠도 잘 왔다. 고속버스를 타고 도착한 곳은 '대한수도원'이었다. 수도원 박명희 원장님이 박 전도사님의 이모였다. 그 후로 박 전도사님과 나는 가끔 대한수도원에 기도하러 가곤 했다. 박 원장님은 내가 갈 때마다 기도해주셨고 힘이 나는 말씀도 많이 해주셨다. 나도 박 전도사님처럼 조카로 대해주시며 여러모로 챙겨주셨다. 원장님의 따스한 마음 때문인지 수도원에 있으면 내 마음도 따스하고 편안해졌다. 박 원장님은 지금도 여전히 네팔을 위해 기도와 후원으로 함께 하고 계시는 고마운 분이다.

당시 박대인 전도사님은 중국 선교를 마음에 품고 있었다. 나도 선교사가 되어 네팔에 가기를 꿈꾸고 있던 터라서 우리는 그와 관련된 이야기를 자주 나누었다. 그런데 몇 달간 박 전도사님을 지켜봤는데, 아무리 봐도 중국과는 맞지 않아 보였다. 하루는 도서관에서 같이 공부하고 쉬다가 전도사님에게 말했다.

"전도사님은 중국으로 선교 갈 것 같지 않아요. 거기랑 안 맞아요."
"왜? 그럼 어디로 갈 것 같은데?" 전도사님이 물었다.
나는 전도사님이 공부하고 있던 책표지에 '네팔 선교사 박대인'이라고 크게 쓰면서 말했다.
"네팔로 갈 것 같은데요."
내 말을 들은 박 전도사님은 "그런 말 하지 마~"라고 말하면서 껄껄 웃으셨다. 말한 나도 내가 왜 그랬는지 몰랐다. 같이 웃으면서 그 후로 잊어먹었다. 그런데 역시, 하나님은 짧은 순간도 놓치지 않는 분이다. 그때는 아무도 몰랐다. 몇 년 후 박대인 전도사님은 나보다 먼저 네팔 선교사가 되어 한국을 떠나게 된다.

2009년 2월 어느덧 신대원 졸업이었다. 겨자씨 모임과 여러 교수님, 학우들의 관심과 도움 덕분으로 무탈하게 학업을 마무리할 수 있었다. 그리고 바로 그다음 달에 우리 가족은 네팔행 비행기를 탔다. 졸업 후 곧바로 네팔에 가서 사역하겠다고 생각해오고 있었다. 아내도 본래 네팔에 대한 선교의 비전을 갖고 있었기에 네팔어를 공부하고 있었다. 우선 고향 집으로 가서 같이 지내다가 나는 홀로 카트만두로 갔다. 앞으로 어디에서 어떤 사역을 할지, 할만한 데가 있을지 알아보기 위해서였다. 며칠 지내면서 여러 선교사님과 상의해봤는데 좋은 상황은 아니었다. 금방 결정될 것 같지도 않았다. 그래서 한 달 후에 아내와 딸을 다시 한국으로 보냈다. 나는 남아서 현지 사역자들과 계속 접촉하며 어떤 일을 하면 좋을지 찾아보았다. 기도하면서 알아보았지만, 현지 사역의 가능성이 보이지 않았다. 하나님은 왜 아무런 반응이 없으신가. 나를 이곳으로 부르신 하나님은 왜 침묵하고 계시는가. 입맛이 없어서 저녁밥을 거른

고향집에서 아내와 소피아랑 함께

채 텅 빈 숙소에 들어가 바닥에 누웠다. 종일 돌아다녀서 너무 피곤하기도 하고 아직도 자리를 잡지 못하고 있으니 답답하고 초조했다. 바깥은 조용했고 점점 어두워지고 있었다. 영혼은 고독했고 육신은 고단했다. 그때였다. 마음속으로부터 익숙한 찬양이 들려왔다.

하나님 사랑의 눈으로

너를 어느 때나 바라보시고

하나님 인자한 귀로써

언제나 너에게 기울이시니

어두움에 밝은 빛을 비춰주시고

너의 작은 신음에도…

한국에 있을 때부터 위로가 되어서 자주 불렀던 찬양이었다. 흑흑. 눈물이 얼굴을 타고 흘렀다. 그랬다. 언제나 하나님은 귀를 기울여서 내 기도를 들으셨다. 컴컴한 인생길에서 앞서 걸으시며 나를 이끄셨다. 그 하나님의 사랑과 은혜가 지금까지 늘 함께하셨는데 나는 또 하나님을 의심하고 원망했다. 아직도 어린아이와 같은 신앙에서 벗어나지 못하고 있구나, 나란 사람은. 벌떡 일어나서 무릎을 꿇었다. 하나님을 원망할 것이 아니라 내 삶과 내 모습을 먼저 돌아봐야 했다. 내가 진심으로 하나님을 위한 사역을 할 준비가 되어 있는가. 나를 드러내는 게 아니라 하나님의 영광만을 위해 사역할 준비가 되어 있는가. 세상이 주는 게 아닌 하나님의 사랑과 평안을 구하고 있는가. 자신 있게 "네"라고 답할 수 없었다. 하나님께 회개했다. 하나님께서 언제나처럼 늘 함께하심을 믿노라고, 하나님의 때를 기다리겠노라고 기도했다. 나는 마저 찬양을 부르고 기도하며 하나님과 나, 둘만의 예배를 드렸다.

    어두움에 밝은 빛을 비춰주시고
    너의 작은 신음에도 응답하시니
    너는 어느 곳에 있든지 주를 향하고
    주만 바라볼지라

23

찜찜한 이중 생활

한국에 있는 가족에게 돌아가기로 했다. 6개월 만이었다. 네팔에서의 사역은 아직 때가 아닌 것 같았다. 하나님의 신호를 기다려보기로 했다. 마음 한쪽에서는 왠지 실패한 것 같아서 쓸쓸했지만, 부정적인 생각은 하지 않기로 했다. 뭐든지 좋게 생각하자는 것이 내 신조였으니까.

안산제일교회 네팔예배 담당 전도사로 사역을 하기 시작했다. 안산에는 공단이 있어서 네팔을 비롯해 외국인 근로자들이 많았다. 나도 그 시절이 있었기 때문에 고향을 떠나 낯선 나라에서 살아가는 것이 얼마나 힘들고 서글픈지 말하지 않아도 알 수 있었다. 나보다 나이가 많은 분도 있었지만, 대부분이 나랑 비슷하거나 내 동생 또래였다. 열심히 일해서 벌어도 대부분을 가족에게 보내고 정작 본인은 적은 돈을 쪼개가면서 살아갔다. 평일엔 하루의 많은 시간을 공장에서 보내고 일요일은 교회에 와서 마음껏 네팔말도 하고 속상한 일을 얘기하면서 풀었다. 예배를 통해 하나님을 알아가는 것도 중요했지만 우선은 이들의 마음이 편안하고 안정되기를 바랐다. 억울하고 답답한 상황이 생기면 내가 할 수 있는 한에서 힘껏 도우려고 애썼다.

당시에 안산제일교회는 고훈 목사님이 담임으로 계셨는데 내게 정말 많은 사랑을 베풀어 주셨다. 만날 때마다 생활은 어떤지, 부족하거나 필요한 건 없는지 아버지처럼 물어봐 주시고 기도도 많이 해주셨다. 사역에 대해 고민을 많이 하던 때였는데 고훈 목사님의 관심과 격려가 흔들릴 때마다 중심을 잡을 수 있게 해주었다. 어린 딸 소피아를 교회에서 만나면 "아가야~" 하시면서 예뻐해 주시던 모습이 눈에 선하다. 지금도 그 사랑을 잊을 수 없다.

그다음으로 부임하신 안산제일교회 허요한 목사님도 네팔 선교에 여전히 많은 관심을 가지고 기도와 후원을 해주고 계신다. 네팔신학교의 신학생에게 장학금을 주셨는데, 그 후원으로 그 학생은 입학해서 걱정 없이 공부에 집중하여 졸업까지 할 수 있었다. 네팔에는 신학교에 다니고 싶어도 열악한 가정환경 때문에 포기해야 하는 청년이 많다. 지방으로 청년 집회나 목회자 세미나를 가서 그런 사연을 들을 때마다 안타깝다. 학교도 나도 여유가 안 되니, 그 많은 사람에게 장학금을 다 줄 수가 없다. 하지만 안산제일교회처럼 한 명의 학생이 졸업할 수 있도록 지속해서 관심과 후원을 해주면 네팔에 더 많은 사역자를 세울 수 있다. 그것은 곧 힌두교의 나라에 하나님을 더 많이, 넓게 전할 수 있다는 뜻이 된다. 한 명의 신학생을 후원하는 '한 교회'가 더 많아지기를 꿈꾸며 기도한다.

교회에서는 전도사였기 때문에 월급 받는 직업을 구해야 했다. 그동안 아내가 일하면서 아이까지 키우느라 너무 고생했기 때문에 수고를 덜어주고 싶었다. 지인의 소개로 화재보험회사에 취직했다. 회사에서는 개인상해보험에 가입하는 네팔 사람에게 통역을 해줄 사람이 필요했다. 일은 힘들지 않았고, 월급도 우리 가족이 살아가는 데 충분했다. 네팔에서 사역 자리를 구하지 못해서 어쩔 수 없이 다시 한국으로 돌아와야만 했을 때 느꼈던 참담함이 거의 회복된 것 같았다. 평일에는 보험회사, 주말에는 교회 사역이라는 이중(?)생활이 1년이 지났다.

매일매일 쪼들리다가 이제서야 조금씩 살림이 나아지는 것 같았다. 돈을 버니까 좋구나, 더 많이 벌어서 아내와 딸이 평안하게 지내도록 해야지, 라는 생각이 스치는 찰나, 마음 깊은 곳으로부터 '나는 뭐 하는 사람인가?' 하는 생각이 올라왔다. 내가 사역자인가, 통역가인가, 이러려고 한국에 와서 신학을 공부했나, 무엇을 위해서 이러고 있는 건가. 함께 졸업한 동기들은 전임사역자가 되거나 선교사가 되어 열심히 하나님의 일을 하고 있었다. 하루에 한 끼를 먹을 정도로 궁핍했지만, 하나님께 모든 것을 맡기고 살았을 때는 마음은 편했었다. 하지만 지금은 어떤가. 가족 모두 몸은 편하고 굶는 일도 없다. 늘 가난했던 어린 시절을 떠올리면서 내 딸은 그렇게 살게 하고 싶지 않았고, 원하는 대로 되고 있는 것 같았다. 부자는 아닐지언정 아이가 구김살 없이 밝게 자라는 모습을 보면 행복했다.

그런데 심장이 왜 콕콕 찔리는 기분일까? 나는 아내와 상의한 후에 보험회사 일을 그만두었다. 그리고 무릎 꿇고 기도하면서 회개했다. 우리가 서원했던 삶은 돈 잘 벌고 잘 먹는, 세상적인 삶이 아니었다. 그러나 어느새 그 삶의 파도에 휩쓸려 살아가고 있었다. 모두 그렇게 살아가니까, 가장으로서 가족을 위해 돈을 버는 것이라고 나름 그럴듯한 변명을 하면서 정작 하나님의 일은 소홀히 하고 있었다. 우리는 새벽마다 하나님께서 사역의 길을 열어 주시기를 간절히 기도했다.

학교를 졸업하고 2년이 지나고 있었다. 몇 해 전에 받다가 멈췄던 선교사 훈련이 2011년 1월 스리랑카에서 있을 것이라는 소식이 들렸다. 1학기와 2학기를 이수해야 하는데 1학기는 2006년 학부생일 때 박대인 전도사님과 함께 받았다. 2학기는 해외에서 진행되어서 가지 않았었다. 아니, 실은 돈이 없어서 갈 수가 없었다. 가족이 모두 함께 참여해야 했는데, 나 혼자서도 갈 형편이 되지 않았다. 이번에도 사정은 좋지 않았다. 보험 회사 일을 그만뒀으니, 우린 다시 빠듯한 살림이었다. 기도하면서 하나님께 물었다. 선교사 훈련을 계속 받아야 할지 말아야 할지. 신청 기간이 막바지에 이르렀다.

이번에도 힘들겠구나. 진짜 하나님이 원하시는 길이라면 다음에 기회가 있겠지. 포기하고 마음을 비웠다. 집에서 조용히 성경책을 꺼내었다. 평소에 좋아하던 시편 30편을 펼치고 묵상했다.

… 주의 성도들아 여호와를 찬송하며

그의 거룩함을 기억하며 감사하라(4)

그의 노염은 잠깐이요 그의 은총은 평생이로다(5) …

여호와여 들으시고 내게 은혜를 베푸소서

여호와여 나를 돕는 자가 되소서 하였나이다(10) …

마음이 편안해졌다. 형편을 원망하기보다는 지금까지의 모든 것이 하나님의 은혜임을 생각하며 감사했다. 언제나 나를 도우시는 하나님께 내 작고 연약한 마음마저 맡기겠다고 다짐했다. 그때 전화가 왔다.

24

2011. 6. 4

"수먼, 잘 지내요?"

"원장님, 그동안 평안하셨어요? 원장님 덕분에 저희는 잘 지내고 있어요."

대한수도원 박명희 원장님이었다. 박대인 전도사님은 내 예언(?)대로 중국이 아니라 네팔 선교사로 나가 있는 중이었는데, 우리는 여전히 서로 연락을 하며 가까이 지내고 있었다.

"곧 선교사 해외훈련 있지요? 필요한 경비 보내줄 테니, 다녀오세요."

"아…. 매번, 감사하고 죄송해서…."

목이 메는 걸 누르면서 겨우 감사 인사를 드렸다.

"제가 아니라 모두 하나님이 하시는 일이죠. 훈련 잘 받고 네팔에 가서 사역에 힘쓰면, 그게 하나님이 기뻐하시는 일 아니겠어요?"

돌이켜보면 위기 때마다 박명희 원장님의 기도와 후원이 있었다. 후에 네팔로 돌아와 사역하는 중이었다. 네팔 대중교통이 너무 좋지 않기 때문에 길 위에서 시간을 많이 보낼 수밖에 없었다. 이런 상황에서 내가 여기저기 사역을 다니는 것이 안타까웠던지, 오토바이를 사라면서 돈을 보내 주셨다. 그런데 당시 신학교에는 책이 필요했다. 학생들이 공부할 수 있는 환경을 만들어 주고 싶었던 나는 아내와 이야기한 후, 원장님께 말씀드렸다.

"원장님, 죄송한데 오토바이 말고 학생들을 위한 책을 사면 안 될까요? 남는 돈으로 스쿠터를 살까 해요."
원장님은 흔쾌히 동의해 주셨다. "그럼, 되고말고. 수면이 어련히 알아서 잘하겠지요."

나는 신이 나서 신학 관련 책을 사러 온 지역을 누볐다. 구할 수 있는 책을 다 사고 나서 스쿠터를 샀다. 스쿠터도 정말 요긴하게 사용했다. 교회와 신학교를 오갈 때, 아내가 딸의 학교를 데려다줄 때, 스쿠터는 씽씽 달리며 자신의 역할에 충실했다. 그런데 이렇게 애쓰는 모습이 안쓰러우셨는지, 박 원장님이 책값으로 돈을 또 보내주셨다. 이번엔 인도에 가서 살 수 있는 책을 모조리 사 왔다. 얼마나 감사했는지 모른다.

이덕주 교수님께서 목회학 박사과정을 하라면서 웨슬리신학대학교 신경림 부총장님을 소개해주셨다. 두 분의 도움으로 공부를 시작하게 되었고 몇 년 만에 마치게 되었다. 인턴십 코스여서 6개월에 한 번씩 두 과목이 2주에 걸쳐서 진행되었다. 미국과 한국, 그리고 중국에 있는 캠퍼스를 돌아가면서 수업을 했는데, 졸업식은 미국으로 가야 했다. 하지만 미국 비행깃값은 물론이고 체류비까지, 너무 큰 예산이 필요해서 갈 생각도 하지 않고 있었다. 하지만 박 원장님이 "졸업식인데 가야지! 사모님이랑 같이 다녀와요" 하시면서 경비를 보내주셨다. 이 외에도 교회와 신학교를 위해서 정말 많은 기도와 후원으로 함께 해주셨다. 그 사랑은 지금도 변함없이 계속되고 있다. 내가 어디에서 사역하든지 진심을 다하는 이유가 박 원장님 같은 분들에게 받는 사랑과 은혜 때문이다.

박 원장님을 비롯한 이름 모를 몇 분의 도움으로 2011년

1월, 스리랑카에서 선교사 가족이 모두 참여하는 해외훈련을 잘 마쳤다. 그런데 또 다른 난관이 있었다. 훈련 후에 목사고시가 있었다. 떨어졌다. 한국어로 된 성경 시험을 보는데, 문제 읽느라 시험 시간이 거의 다 가버렸다. 비참하고 부끄러웠다. 이러는 내가 자격이 있는 걸까. 목사가 될 수 있을까. 고민이 많이 되었다. 하지만 포기할 수도 절망할 수도 없었다. 하나님의 사역을 하겠다는 다짐이 나를 다시 일으켰다. 아내의 도움으로 다시 시험 준비를 해서 다음 해에 합격하게 되었다.

2011년 4월. 우리는 짐을 쌌다. 네팔로 떠나기 위해서. 계속 기도해오던 일이었다. 정들었던 세신교회 목사님들과 교우들에게 고별인사를 드렸다. 헤어진다는 감정에 마음이 슬펐지만, 그동안을 돌아보니 감사의 눈물이 흘렀다. 김종수 목사님과 교회 덕분에 네팔에서 한국으로 다시 올 수 있었다. 그토록 원하던 신학 공부를 할 수 있게 끝까지 학비를 후원해주셨고, 결혼하기 전까지 지낼 수 있는 숙소도 내어주셨다. 교회에서 결혼식 할 때, 담임목사님과 사모님께서 부모님이 되어주셨고, 여선교회에서 음식을 하고 차리는 등의 모든 수고를 감당해주셨다. 결혼 후, 생활이 너무 힘들어서 신학을 포기할까 고민할 때 세신교회 김경훈 목사님과 이명식 목사님의 따뜻한 위로와 기도 덕분에 힘을 낼 수 있었다.

딸을 낳자 우리의 가정 형편은 더욱 쪼들렸고 아내가 많이 힘들었다. 막막했지만 기도밖에 할 수 없었다. 한번은 세신교회 남선교회 회장님이 쌀과 먹을 것, 아기 분유와 기저귀 등을 들고 오셨다. 또 내가 이가 너무 아팠는데 돈이 없어서 치료를 받지 못하고 있었다. 그때 유영균 장로님이 치과의사인 친구를 소개해주셔서 적절한 치료를 받을 수 있었다. 세신교회에서 받은 사랑과 은혜를 어찌 다 쓸 수 있으며, 갚을 수 있을까. 아무것도 없는 나는 그분들을 위해 하나님께 기도할 뿐이다. 물질적인 후원뿐만 아니라. 목사님들과 성도님들의 따뜻한 눈빛과 마음, 기도는 언제나 내 마음을 따뜻하게 해주고, 내 발걸음을 밝게 비춰줄 것이다.

하나님께서 어떻게 우리를 이끌어 가실지, 기대되면서도 두려움이 들었다. 여전히 기독교가 불법이고 핍박받는 곳에서 나 혼자가 아니라, 아내와 딸이 함께 왔기 때문이었다. 주님, 우리를 지켜주소서. 시도 때도 없이 기도가 나왔다. 우리는 월세방을 얻어 적응이 좀 되자, 토요일마다 집에서 예배를 드리기 시작했다(네팔은 토요일이 휴일이다). 개척교회를 시작한 것이다. 6월 4일이었다. 물론 처음에는 나, 아내, 딸 소피아 셋이서 예배를 드렸다. 하지만 대충하지 않았다. 전례대로 진행하면시 온 마음과 성성을 다했다. 찬양과 기도를 하면 감사와 기쁨의 눈물이 흘렀다. 주중에 성경을 읽고 묵상하면서 설교를 준비했다.

먼저 네팔에 들어와 계시던 박대인 선교사님의 제안으로 신학교를 시작했다. 임근화 선교사님, 이대현 선교사님, 아브람 선교사님, 박대인 선교사님, 배성훈 선교사님과 내가 함께 하기로 했다. 당시에 나는 교회 개척을 시작했고, 별다른 경제 활동은 할 수 없는 상태였다. 선교사였지만 파송을 받지도 않았고, 후원도 없어서 월세와 생활비가 걱정이었다(감사하게도 세

월세방에서 시작한 세계선교교회

신교회에서 그다음 해인 2012년부터 후원을 시작해주었다). 하루하루 살아가는 게 힘든 상황에 신학교를 함께 하면서 선교사님들에게 도움을 많이 받았다. 그분들이 돈을 모아서 내게 주시곤 했다.

특히 박대인 선교사님은 한국에 있을 때부터 형제처럼 지내왔다. 마음을 터놓고 이야기할 수 있어서 참으로 많은 위로와 힘이 되었다. 네팔에서도 박 선교사님의 도움이 컸다. 딸이 학교를 가야 하는데 돈이 없을 때도 빌려주셨고, 세계선교교회를 건축할 때도 자주 찾아와서 많은 도움을 주셨다. 성경에 대한 지식뿐 아니라, 인생의 여러 굴곡을 지날 때 조언과 기도를 아끼지 않으신 박 선교사님은 현재 미국에서 목회하고 계신다. 떠올릴 때면 늘 그립고, 감사하다. 그럴 때면 학교 다니며 기도할 때 함께 불렀던 찬양이 떠오른다. 우리가 어디에 있는지 주님의 기쁨으로 살아가기를, 마음속으로 기도하면서.

나 주님의 기쁨 되기 원하네 내 마음을 새롭게 하소서
새 부대가 되게 하여 주사 주님의 빛 비추게 하소서
내가 원하는 한 가지 주님의 기쁨이 되는 것
내가 원하는 한 가지 주님의 기쁨이 되는 것

25

목사가 되다

2013년 4월 9~10일, 베다니교회에서 목사안수식이 있었다. 나 역시 그날 목사 안수를 받기 위해 참석했다. 진지하고 엄숙하게 진행되는 예식이었다. 나를 비롯한 모두는 안수를 받기 위해 몸과 마음을 바르게 하고 나란히 섰다. 눈앞에 있는 사람들이 아니라, 하나님 앞에 서서 다짐하고 확인하는 자리였다.

하나님의 사역자가 되기로 결심했을 때부터 늘 마음속에 담고 기도했던 잠언 30장 7~9절의 말씀을 또다시 깊이 새겼다. 어떤 거대한 것보다는 내게 주어진 하나님의 일을 더 열심히 해야겠다고 생각하면서 기도했다. 언제나 낮은 자세로, 겸손하게 하나님께 순종하며 사람들을 섬기겠다고. 많은 분이 축하해 주면서 자기 일인 것처럼 기뻐하셨다. 그동안의 시간이 스쳐

목사안수식.
아내와 소피아 그리고 박대인 목사님, 처가 식구들과 함께

지나갔다. 가구 공장 노동자였던 내가 지금 이 자리에 있기까지 얼마나 많은 눈물과 고난이 있었는가. 하지만 그때마다 길을 인도해주시고 놓우시는 하나님과 곁의 사람들이 있었다. 내가 목사 됨은 내가 잘나서가 절대 아니었다. 앞이 보이지 않는 컴컴한 터널을 지날 때마다 손을 잡고 이끌어주신 주의 은혜였다. 하나님을 믿는 많은 사람의 기도와 격려와 도움 덕분이었다. 목사로서의 사역에 대한 고민은 어깨를 더 무겁게 했지만, 그분들에게 내가 무사히 목사가 된 것을 보여드릴 수 있어서 기쁘고, 감사했다. 장모님과 가족들이 많이 기뻐하시며 대견해 하셨다. 아내와 나는 활짝 웃는 장모님의 얼굴을 오랜만에 마주하면서 하나님께 감사드렸다.

세계선교교회를 완공한 후에 장모님이 네팔에 오셔서 한 달을 머물다가 가신 적이 있다. 네팔 생활은 한국과 비교했을 때 많이 불편하고 힘드셨을 것이다. 하지만 생각보다 장모님은 즐겁게 지내셨고, 가시기 전에 말씀하셨다.

"옥례를 멀리 보내고 그동안 마음 한구석이 늘 편하지 않았었어. 그런데 이렇게 와서 열심히 사역하면서, 잘 사는 것을 보니까 이제는 걱정 안 해도 될 것 같네."

감사하고 기뻤다. 처음 찾아뵈었을 때만 해도 마음이 완고하셨던 장모님이었다. 하지만 이제는 하나님 나라를 함께 만들어가는 동역자로서 서로를 위해 기도하며 응원하는 사이가 되었다. 장모님과 처가 식구들의 따뜻하고 넘치는 사랑에 감사하고 행복하다.

> [7] 내가 두 가지 일을 주께 구하였사오니
> 　내가 죽기 전에 내게 거절하지 마시옵소서
> [8] 곧 헛된 것과 거짓말을 내게서 멀리 하옵시며
> 　나를 가난하게도 마옵시고 부하게도 마옵시고
> 　오직 필요한 양식으로 나를 먹이시옵소서
> [9] 혹 내가 배불러서 하나님을 모른다
> 　여호와가 누구냐 할까 하오며
> 　혹 내가 가난하여 도둑질하고
> 　내 하나님의 이름을 욕되게 할까 두려워함이니이다
>
> (잠언 30장)

26

즐거운 교회 생활

하루하루 바쁘게 흘러갔다. 집에서 첫 예배를 드렸던 교회도 좀 더 넓은 장소를 임대해서 옮기게 되었다. 서너 명으로 시작했었는데 이제는 스무 명이 넘는 성도가 함께 예배드릴 수 있는 공간이 필요했다. 드러내놓고 전도하는 것이 법으로 금지된 나라에서 어떻게 이런 일이 가능했을까? 그건 나도 모르겠다. 하나님의 은혜라고밖에. 교회를 옮기고 얼마 후에 이덕주 교수님이 네팔에 오셨다. 교회에서 설교도 하시고 신학교를 둘러보셨다. 교수님은 매우 기뻐하시며 축하해주셨다. 늘 그러셨듯이 격려와 감사, 조언을 아끼지 않으셨다. 우리는 함께 예배드리며 하나님께 감사와 영광을 돌렸다.

교수님에게 이만큼이라도 보여드릴 수 있어서 얼마나 감

네팔에 오셔서 함께 해주신 이덕주 교수님과 세계선교교회 성도들

사하고 뿌듯했는지 모른다. 가르침과 삶이 일치하는 교수님의 모습은 언제나 내게 존경을 불러일으켰고, 섬세하게 신경 써주시는 마음 씀씀이는 깊은 사랑을 느끼게 했다. 세상에 휩쓸리지 않고 자기만의 모습 그대로 살아가는 교수님의 삶과 신앙, 학교에 다닐 때부터 닮고 싶었다. 아마도 평생의 숙제가 될지도 모르겠다.

힌두교가 깊은 나라에서 교회를 다닌다는 것, 하나님을 믿는다는 것은 용기가 필요한 일이다. 네팔 사람들은 눈에 보이는 대부분을 신으로 섬기기 때문에 기독교처럼 하나님, 예수님만이 유일한 신이라고 말하면 이해하지 못한다. 내가 아버지 장례식장에서 힌두교 풍습대로 하지 않았다는 이유로 쫓겨났던 것처럼 말이다. "하나님 믿는다고? 그래, 그렇다고 하자. 그런데 왜 머리를 깎고 장례를 치르면 안 되는 거야? 왜 제사 음식을 먹으면 안 되는 거야? 우리를 보살펴 주는 신이 많으면 좋은 거 아니야?"라고 사람들은 말한다. 그래서 어떤 믿는 사람들은 예수님과 힌두교의 다른 신들을 함께 섬기기도 한다. 네팔에서 기독교 사역을 하는 데 있어서 어려운 부분이다. 오직 믿음의 눈과 마음으로 네팔을 품고 담대하기를 기도할 뿐이다. 이런 네팔의 상황이지만, 하나님께서는 자신의 자녀를 교회로 불러주실 것을 믿으며.

어느 날, 낯선 자매 한 명이 예배에 참석했다. 생애 처음으로 교회에 발을 들여놓는 순간이었다. 몸이 아픈 지 10년이 넘었는데 병원에 가봐도 원인을 못 찾는다고 했다. 온몸이 아프니 잘 먹지 못하고, 그러니까 기력이 없고, 거의 누워서 잠을 자며 지낸다고 했다. 하나 있는 아들도 비슷하게 아프다고 했다. 남편은 일하러 나가야 하니, 집에는 그들을 돌봐줄 사람이 없다. 그러다가 어디선가 교회에 가서 기도하면 병이 낫는다는 말을 들었고, 집 근처에 있는 교회를 수소문해서 간 곳이 우리 신학교였다. 마침 우리 교회에 출석하고 있던 직원이 여기를 소개해줘서 오게 되었다. 그날 예배를 마치고 자매의 머리에 손을 얹고 기도해주었다. 하나님께서 병을 고쳐주시기를, 마음과 몸의 병으로부터 자유로워지기를 간절히 기도했다. 기도를 받고 돌아가는 자매에게도 하나님께서 고쳐주실 것이라고 믿어야 한다, 믿음을 가지고 집에서도 기도하라고 알려주었다.

자매는 일어날 힘이 있는 대로 교회에 왔다. 올 때마다 회개하고 예수님을 믿어야 한다고 말하고 기도해주었다. 자매가 순종해서일까. 너무나 간절해서였을까. 교회에 나온 지 한 달도 되지 않아서 아픈 몸이 나았다. 몸에 기운이 돌고 음식을 먹게 되었다. 생기가 돌기 시작하니 삶이 달라지고 남편은 깜짝 놀랐다. 남편은 아픈 아들을 데리고 아내를 따라 교회에 나오기 시작했다. 아들도 나왔다. 주를 믿고 그의 이름을 부르짖었을 때 하나님의 치유가 일어났다. 육체만이 아니라 영혼의 회복과 구원을 눈으로 확인한 우리는 더욱 믿음으로 나아갈 힘을 얻었다. 그 가족은 그 후로 세례도 받았고 열심히 신앙 생활을 하고 있다.

또 다른 자매는 다른 교회를 다니고 있었다. 자기 친척이 다니는 교회였는데 집에서 좀 떨어진 마을에 있었다. 형편이 넉넉하지 않아서 차비가 없으면 교회에 가지 못했다. 그럴 때 가까운 곳에 있는 우리 교회에 오게 되었다. 처음엔 그런 사정을 몰랐고, 그냥 지나가다가 한 번씩 들리나 보다 했었다. 그렇게 몇 번 오다가 우리 교회에 등록했고 나중엔 집사가 되었다. 한참 후에 전국여성대회에서 간증 시간에 그 집사님이 사람들 앞에서 말했다.

"저는 친척이 다니는 교회에 다녔었는데, 차비가 없으면 가지 못했어요. 그런데 근처에 걸어서 갈만한 교회가 있다는 것을 알게 되어서 세계선교교회를 오게 되었죠. 매주는 아니었어요. 다니던 교회가 있었으니까요. 제가 처음으로 세계선교교회에 왔던 날이었어요. 아는 사람도 없고, 교회도 낯설고 하니까 긴장하면서 들어갔거든요. 그런데 누가 오더니 엄청 다정하고 친절하게 저를 맞이해주는 거예요. 환하게 웃으면서요. 갈 때마다 그랬어요. 답답하고 딱딱했던 제 마음의 뭔가가 조금씩 녹아내리는 느낌이었어요. 그래서 교회를 계속 다니게 되었고 저를 여기로 인도해주신 하나님께 감사드리고 있어요. 저를 맞이해주셨던 분이 바로 박옥례 사모님이에요."

우리는 당연히 할 일을 했던 것뿐인데, 하나님은 그마저도 당신의 도구로 사용하신다는 것을 깨달았다. 끊이지 않는 가난과 삶의 문제들로 마음마저 피폐해져 버린 영혼을 하나님께서는 작은 미소와 따듯한 한마디의 말로도 구원을 이루어 내시는 분이시다.

매주 예배 설교를 통해 하나님과 예수님, 믿음 생활에 대한 기본적인 가르침에 힘썼다. 처음부터 강하게 하는 것이 아니라 낯선 기독교에 조금씩 스며들게 해야 거부감이 없으리라 생각했다. 감사하게도 교회를 찾아오는 사람들이 점점 늘었다. 다니고 있는 사람이 지인들을 데리고 오기도 하고 몸이 아픈 사람이 낫고 싶어서 오기도 했다. 그 병이 치유된 사람이 또 다른 사람을 데리고 왔다. 때로는 살기 어려워서 돈을 좀 달라면서 오는 사람도 있었다. 모두 하나님의 자녀이기에 반갑고 소중했다. 우리는 함께 예배하고 기도하고 있는 것을 나누었다. 마치 초대교회 같았다. 내가 가르치거나 시킨 것도 아니었는데 성도들은 모두 어려운 중에서도 기쁨으로 함께했다. 모두 비슷한 생활 형편이었고 네팔에서 기독교인으로 살아간다는 것이 어려운 일임을 알았기에 더욱 공감하고 끈끈한 정을 나누지 않았나 싶다.

가족처럼 서로 아끼고 돌봐주는 모습이 참으로 좋았다. 모두 예배에 진지하게 참여하고 교회 행사에도 적극적으로 참여했다. 매월 마지막 주에 가족이 서로 마주 앉아서 함께 기도하는 시간을 만들었다. 처음에는 쑥스러워했는데 지금은 그 시간을 정말 좋아한다. 부부간에는 이런 시간을 통해 더욱 믿음과 신뢰가 생기는 것을 보았다. 기도를 통해 평소에 말하지 못했던 서로의 마음을 표현할 수도 있고 상대방의 마음도 알 수 있다. 웃기도 하고 울기도 하면서 서로 이야기를 나누면서 기도한다. 얼마나 은혜스러운지 모른다. 나도 그들의 곁에서 함께 웃고 울며 기도하면서 은혜를 많이 받는다.

침례식과 성도들. 온몸이 흠뻑 젖었지만 얼굴이 환하다.

교회 안에서 성도들이 영적으로 자라나는 것을 보는 건 감사하고 뿌듯하다. 특히 스스로 기독교인이 되기를 하나님과 교회공동체 앞에서 약속하며 다짐하는 세례식은 모두에게 은혜가 된다. 우리는 예수를 그리스도로 고백한 후 물속에 온몸을 완전히 잠기게 하는 침례를 한다. 지금은 교회를 건축하면서 옥상에 침례를 할 수 있는 공간을 만들어서 따로 멀리 나갈 필요가 없지만, 전에는 근처에 있는 강으로 나가서 침례식을 했었다. 이들의 믿음이 더욱 든든해져서 하나님 나라의 일꾼으로 쓰임 받기를 간절히 기도하면서 기쁨과 은혜를 주고받는다.

우리 교인들은 야외예배를 좋아한다. 평소에 시간을 내어

야외예배 및 체육대회(기독신학교)   외국인 예배부, 친구들과 특송(평촌교회)

다니기가 힘들기도 하고, 토요일 하루 빼고 대부분이 일하는데 쉬는 토요일엔 교회를 나와야 하니, 교회에서 한 번씩 나가서 예배를 드리면 어린이부터 장년들까지 모두 설레한다. 온종일 놀 수 있으니까. 그런 모습을 보면 한국에 있을 때 생각이 난다. 기독신학교와 평촌교회를 다니면서 즐거웠던 추억이 많다. 그들은 모두 나 같은 외국인 노동자들을 한 식구처럼 대해주었다. 함께 예배하고 교제하면서 삶을 나누었던 시간이 여전히 감사로 남아 있다. 공장에서 일만 했다면 그런 경험을 갖지 못했을 것이다. 돈 버는 일도 중요했지만, 그 시절의 추억은 돈보다 더 소중하다.

27
네팔신학교는 나의 운명

네팔신학교에는 매해 10여 명이 넘는 학생들이 입학해서 공부하고 있다. 학년을 모두 합하면 보통 40~50명이 기숙사에서 생활한다. 대부분 집이 너무 멀어서 통학하다가 하루가 다 가버리기 때문이다. 학생들의 가정 형편은 좋지 않다. 개인이 모든 비용을 내고 학교에 다닐 수도 없고 부모님이 지원해 줄 여건도 되지 않는다. 집에서는 차라리 취업하기 바란다.

"신학교에 들어가고 싶은데, 돈이 없어요."
"이번 학기 마치고 그만둬야 할 것 같아요. 학비도 없고 부모님은 돈 벌기를 원하시고요."
"돈 벌러 외국에 나갈까 해요."
"이번 주말에 집에 가고 싶은데 차비가 없어요."

학생들의 고민 상담은 끊이지 않는다. 어렵게 얘기를 꺼내는 학생들의 사정이 너무 안타깝다. 아이들의 마음을 위로해주고 함께 기도한 후 "걱정하지마. 하나님께서 길을 열어주실 거야" 말하고 돌려보내곤 한다. 한국에서 신학교 다닐 때, 나도 그랬었다. 내가 가진 것으로 시작하지 않았다. 돈이 없어서 학교에 다니지 못하고 먹지도 못할 때, 교회와 성도님들의 도움으로 모든 것이 가능했다. 학교에서는 교수님들에게 많은 사랑을 받았다. 모든 것이 하나님의 인도와 은혜였다. 책 한 권까지도 하나님께서는 내버려 두지 않으시고 누군가의 마음을 감동하게 하셔서 공부하게 하셨다.

나는 기본적인 생활비 외에 후원이 들어오면 전부 신학교 장학금으로 내어놓는다. 총장이면서 강의를 하지만, 학교에서 월급을 받지 않는다. 한국에서 내가 교회와 성도님들, 교수님들에게 받았던 사랑과 은혜에 진 빚을 갚는 심정으로, 우리의 아버지 되시는 하나님이 모든 것을 가능하게 하신다는 믿음을 전하는 심정으로. 그래도 신학교 운영은 늘 적자이다.

이왕 시작한 학교이니, 질적으로도 양적으로도 좋은 수업을 받게 하고 싶었다. 하지만 전임 교수를 청하기에는 재정이 없었고, 그렇다고 아무에게나 강의를 맡길 수 없는 노릇이었다. 우리는 기도하면서 하나님께 방법을 구했다. 감사하게도 네팔에 있는 다른 신학교 교수님들이 강의를 하나씩 맡아서 해주시기도 하고 인도에 있는 교수님을 모셔 오기도 했다. 경제적인 이익만을 따졌다면 할 수 없는 일이었다. 그들도 하나님께 모든 것을 맡기고 우리의 사역에 동참해주었다. 또한, 네팔어로 번역된 신학 서적이 없었기 때문에 학생들이 공부하는 데에 어려움이 많았다. 그때마다 네팔어로 번역해서 사용하기에는 너무 어려운 과정이었다. 그래서 우리는 한 가지 결단을 내렸다. 모든 과목을 영어로만 진행하기로 했다. 영어로 된 신학 서적과 관련 자료가 많기 때문이었다. 학교 내에서도 가능하면 영어로 대화하도록 했다. 익숙해지기 위해서였다. 모국어가 아닌 영어로 대화하며 공부하는 것이 처음엔 아주 어려웠지만, 점점 정착되었다. 갓 입학한 신입생들도 그다음 해가 되면 영어로 대화하는 것에 별 어려움 없이 잘 지낸다.

학교에 다니면서 믿음도 단단해지고 인격적으로도 많이 성숙해져 간다. 또한, 학생들이 알아서 수업이나 채플 등 학교 행사를 준비할 만큼 책임감이나 재능도 많다. 예배 찬양단 단원들은 악보를 볼 줄 모른다. 배워본 적이 없기 때문이다. 미리

네팔신학교(NMTS) 졸업여행에서

찬양을 듣고 타고난 감으로 악기를 연주한다. 그 사정을 모른 채 방문했다가 예배에 참여한 손님들은 학교에서 음악 수업도 하느냐면서 묻는다. 찬양을 부르는 학생들도 모두 실력이 뛰어나다. 지금은 여건이 안 되지만, 학생들에게 제대로 된 음악 교육을 하게 해주고 싶은 것도 희망 사항 중 하나이다.

가끔 "힘들고 어려우면 신학교 그만두지, 왜 계속 붙잡고 있느냐"고 말하는 사람들이 있다. 하지만 그럴 수 없다. 나는 현지에서 사역자를 교육해서 키워내는 것이 중요하다고 생각한다. 지방에서 집회를 하다 보면 의외로 신학을 공부하고 싶

네팔 감리교신학교. 왼쪽은 기숙사와 도서관 건물이고 오른쪽은 본관

네팔 감리교신학교 본관 1층 로비

어 하는 청년들이 많다. 하지만 방법이 없어서 시작조차 하지 못하고 있다는 것이다. 이런 청년들에게 신학교를 소개해주고 공부할 수 있는 길을 찾아주는 것, 학생과 후원자를 연결해주는 다리가 되어주는 것, 이를 위해서 하나님께서 나를 한국에서 단련하신 것이 아니었을까. 지금은 어쩔 수 없이 영어로 신학 교육을 하고 있지만, 앞으로는 네팔어로 쓰거나 번역한 자료들이 많아져서 모국어로 공부할 수 있기를 바라고 있다. 그렇게 되면 더 많은 사람에게 기회가 생기고 더 많은 사역자를 키워낼 수 있지 않겠는가.

네팔 감리교신학교는 카트만두 인근 건물에서 시작했다. 처음 네팔 감리교회(Nepal Methodist Church, 이하 NMC)는 네팔의 상황을 고려하여 목회자 연장 교육의 방식으로 감리교 센터에서 네팔 감리교 신학훈련원을 운영했었다. 하지만 목회자 전문성을 높이고 웨슬리 정신의 고취 등을 위해 네팔 감리교신학교를 설립하기로 했다. 지난 2008년 임근화 선교사님의 주도로 신학교 설립을 시작하여 2012년 1월에 개교했다. 그 후로 네팔을 변화시키고 나아가 세계 선교를 감당해 나갈 인재들을 양성했다. 그러다가 2015년 4월 25일 대지진으로 신학교가 큰 피해를 입었고, 감사하게도 한국교회와 말레이시아와 미국교회의

후원으로 본관을 비롯한 건물의 내·외벽 보강 공사를 했으며, 도서관 3~4층을 증축하였다.

여전히 그렇지만, 당시 네팔에서는 기독교를 정식으로 인정하지 않았기 때문에 신학교를 정부에 등록하는 것이 불가능한 상태였다. 그래서 생각한 것이 Asian Theological Association(이하 ATA), 아시아 신학대학 연합체 가입이었다. 신청을 하고 준회원 자격으로서 정회원 인가를 준비했다. 워낙 까다로운 가입 조건으로 유명한 ATA이지만, 국제적으로 공신력을 인정받고 있어서 정부의 인가를 받기 어려운 우리의 상황을 고려할 때 회원 가입이 절실했다. 정회원이 되기 위한 교원 수의 확보, 연구실 공간 등은 거의 충족이 되었지만, 도서 보유량이 크게

한국 감리교회의 많은 분들이 '책이좋은사람들'을 통해 보내주신 영어 원서로 가득 찬 신학교 도서관

부족했다. ATA에서 요구하는 도서 보유량 15,000권을 맞추려고 이리저리 뛰며 노력했지만 4,000여 권밖에 구하지 못했다. 신학교에 필요한 영문 도서의 확보가 중요했다.

이덕주 교수님께서 감리교단의 장로님이자, 감리회 서울연회 인준 선교단체 '책이 좋은 사람들'의 최병천 장로님을 소개해 주셨다. 나는 장로님에게 사정을 말씀드리고 네팔과 네팔교회를 사랑하는 한국교회와 성도님들의 책 기증과 여러 어려움 중에도 연구와 공부에 매진하고 있는 네팔신학교 교수와 재학생들을 위한 기도를 부탁드렸다.

몇 달 후에 최병천 장로님과 이덕주 교수님이 네팔을 오셨다. 네팔은 선박 우편이 없어서 항공으로만 물건을 주고받을 수 있었다. 두 분은 한국에서 모은 수천 권의 책을 상자에 나눠 담아서 비행기에 싣고 오셨다. 그 값만 해도 몇백만 원이 들었을 것이다. 눈물겹도록 감사하고 감격스러웠다. 또한 소식을 들은 웨슬리신학교 신경림 부총장님이 미국에서 많은 책을 보내주셨고, 철원 대한수도원 박광수 목사님도 많은 도움을 주셨다. 이것을 어찌 사람의 마음만으로 이루어졌다고 할 수 있겠는가. 그 걸음을 인도하시는 하나님이 계시기에, 그 안에서 한 형제자매라는 믿음이 있기에 가능한 일이었다. 모두의 헌신과 수고로 네팔신학교는 후에 ATA 정회원으로 승인을 받았다. 또한 염창교회 장관영 목사님은 세계선교교회를 통해서 네팔신학교 신학생을 꾸준히 후원해주고 계신다. 더불어 현지 목회자들을 위한 제자훈련과 교회 건축에도 열심이시다. 이외에도 한국의 여러 감리교회에서 네팔신학교와 교회를 위해 기도와 후원으로 함께하고 있다.

이름 없이 빛도 없이 늘 기도와 물질로 네팔의 복음화를 위해 애써주시는 한국의 모든 감리교회에 감사드리며 그들을 위해 하나님께 기도드린다.

28

호흡기를 떼겠습니다

　네팔에서 사역하다 보면 많은 단기선교팀을 만난다. 나를 통해서 오기도 하고, 현지에서 사역 중인 한국인 선교사님을 통해서 오기도 한다. 그중에서 기억에 남는 일이 있다. 우리 모두 마음이 아프고 슬펐기 때문에 잊을 수가 없다. 2018년 1월이었다. 서울에 있는 종교교회에서 청년들로 이루어진 단기선교팀이 왔다. 네팔에 담당 선교사님이 계셨고, 나는 현지인이라서 통역이나 지역 가이드로 돕는 정도였다. 청년들 모두 얼마나 열심히, 즐겁게 사역하는지 함께 하는 나도 그 기운을 받아서 젊어진 기분이었다.

　일정 중에 시간을 내어 오스트리아캠프를 가게 되었다. 우리는 카트만두에서 버스로 7시간 넘게 달려서 포카라에 도착했다. 오스트리아캠프로 올라간 다음 날 아침이었다. 박진아 자매가 "수먼 목사님, 몸이 좋지 않아요. 기도 좀 해주세요"라면서 기도를 부탁했다. 조금 전까지 건강하게 일정을 소화했었는데 점점 열이 오르고 기력이 없어졌다. 도저히 동반할 수 없는 상태였다. 우선 현지 상황을 잘 아는 내가 그 자매를 데리고 병원으로 이동하기로 했다. 매우 아픈 사람을 데리고 버스로 이동하는 것은 불가능할 것 같아서 나는 급히 비행기 표를 구해 포카라에서 카트만두로 이동했다. 버스로 7시간 넘는 거리가 비행기로는 한 시간도 걸리지 않기 때문이다. 병원에 입원을 시키고 상황을 지켜보았다. 자매의 병명은 급성패혈증이었다. 병원 내에는 보호자 대기실이 따로 없었고 병실 내에도 공간이 없었기 때문에 근처 카페에 있으면서 수시로 들여다보면서 약을 받아다가 먹였다.

단기선교 담당 목사님이 한국으로 연락을 했고, 며칠 후에 최이우 담임목사님과 장로님들, 부모님이 오셨다. 날벼락 같은 소식에 부모님은 얼마나 많이 놀라셨을까. 자매는 유치원 선생님이 꿈이었고, 교회에서는 유치부 선생님으로 봉사하고 있었다. 단기선교 오기 전에 임용고시를 봤다고 했다. 하지만 시험 합격이 아니라 아빠가 교회 나가는 것이 기도 제목이었다고 할

만큼 믿음이 강했다. 우리는 모두 그 믿음처럼 자매가 다시 일어나기를 간절히 바라며 기도했다. 부모님이 오신 후에 자매는 잠시 의식을 되찾았고 이야기를 나누었다. 하지만 다시 의식을 잃었고 뇌사 상태에 빠졌다. 담당 의사는 "깨어날 확률은 0%입니다. 이 상태로 얼마나 갈지 모르겠습니다"라고 했다. 옆에서 지켜보던 우리 마음이 얼마나 무너져내렸는지. 하지만 어찌 부모님 심정에 비할 수 있을까.

자매의 부모님이 네팔에 오신 지 일주일이 흘렀다. 그동안 치료를 지켜보시던 자매의 아버지가 어렵게, 결단을 내렸다.

"호흡기를 떼겠습니다."

모두 슬프고 아픈 마음을 가누기 힘들었다. 최이우 목사님을 비롯해 모두 눈물을 흘리면서 엉엉 울었다. 호흡기를 뗐고 자매는 하나님의 품으로 갔다. 스물여덟 살이었다. 건강하던 사람이 순식간에 그렇게 되는 것을 지켜보면서 모든 생명이 하나님 손에 있다는 말이 절실하게 다가왔다. 그리고 옆에 있었지만, 아무것도 해줄 수도, 할 수도 없었던 내가 무기력하고 나약한 인간임을 또다시 느꼈다. 카트만두에 있는 네팔한인교회에서 장례 예배를 드렸다. 하나님의 뜻과 계획은 알 수 없었지만 안타깝고 아픈 마음은 어쩔 수 없었다.

그 후로 자매가 다니던 종교교회에서 여러 고민이 있었던 것 같았다. 최이우 목사님과 교회는 자매의 죽음을 한 알의 밀알로 생각하고 네팔에 학교를 세우기로 했다. 2019년 자매 1주기를 맞아 네팔 현장을 다시 찾았고, 다음 해인 2주기 때는 추모 예배와 더불어 자매의 이름을 딴 '박진아 기념홀' 봉헌식을 가졌다. 박진아 기념홀은 자매의 장례를 치렀던 네팔 카트만두 한인교회 소유의 한글학교 건물 내에 있다. 네팔에서 순직한 선교사와 단기 선교사들을 위한 메모리홀로 운영 중이라고 한다. 교회에서는 또한 계속해서 네팔 학교 사업을 위한 선교사를 파송하고, 학교 건축을 위한 땅을 구입하는 등 네팔의 선교에 힘쓰고 있다. 한 자매의 안타깝고 슬픈 죽음이 여러 열매로 거듭나는 것을 지켜보면서 참으로 여러 감정이 교차했다. 죽음이라는 것이 이토록 가까이 있구나, 인생이라는 것이 참으로 흔들리는 갈대 같구나. 하지만 인간이 어찌할 수 없는, 하나님이 하시는 일이었다. 나 역시 하나님의 손안에 있는 나약한 사람으로서 그분의 뜻대로 사용되기를 간절히 기도했다.

29

성장하고 있는 네팔 감리교회

98년 2월에 한국에서 네팔로 돌아왔을 때, 기독교인이 되었다는 이유로 가족과 친척, 온 마을 사람들의 따가운 눈총과 회유가 있었다. 사람들은 아버지와 나에게 "집안에 기독교인이 있으면 망한다"라면서 아들 단속 잘하라, 어서 정신 차리라는 등의 말로 괴롭혔다. 그럴수록 나를 내려놓고 하나님만 의지하게 되었고, 영성원을 건축하면서는 하나님의 때를 기다리며 인내하는 법, 마음을 다스리는 법 등을 배웠다.

2001년 네팔 감리교사회봉사가 NGO로 등록하면서 내가 초대 회장을 맡았다. 그 후 2011년 네팔 감리교회가 공식적인 출범을 하면서 임근화 선교사님이 네팔 감리교 초대 감독을 맡으셨다. 그 뒤를 이어 2019년 10월 23일, 감독 선거를 통해 내가 두 번째 감독이 되었다. 나를 믿고 뽑아준 회원들의 마음에 감사하면서 임기 동안 최선을 다하겠다고 다짐했다. 감사하게도 꽃재교회 김성복 목사님과 단기선교팀이 그해 12월에 네팔을 방문하셨다. 모두 나의 감독 당선을 누구보다 기뻐하며 축하해 주셨다. 또한, 현지 목회자를 대상으로 세미나가 있었는데 모든 경비와 강의를 맡아서 주관해 주셨다. 네팔 전역에서 200여 명의 목회자가 참여한 목회자 세미나는 2박 3일 동안 진행되었다. 열 시간 넘는 거리도 마다하지 않고 참석한 많은 목회자를 보면서 복음에 대한 열정을 느낄 수 있었다. 앞으로 목회자 세미나가 잘 정착되어서 현지 목회자들의 말씀에 대한 갈증이 해소되고 모르는 것을 알게 되기를 기도했다. 네팔 복음화를 위

네팔 감리교 감독이 된 나를 축하해주러 오신 꽃재교회 김성복 목사님과 성도님들

그동안 네팔 세계선교교회와 신학교, 현지 교회들을 위해 기도와 후원으로 함께해주신 김성복 목사님에게 감사패를 드림

해 후원과 기도를 아끼지 않고 함께 해주신 꽃재교회와 일을 행하시는 하나님께 감사했다.

우리 교회도 네팔 현지 교회들도 조금씩 자리를 잡아가고 있었다. 그런데 또 하나의 사건이 발생했다. 전 세계적으로 '코로나19'가 덮친 것이다. 원래도 열악했는데 지진이라는 대혼란과 재난이 아직 마무리되지 않은 네팔은 그야말로 멘붕이었다. 정부는 모든 시설을 차단하고 사람들의 외출을 막았다. 여러 사건을 겪으면서 꽤 단단해졌다고 생각했는데, 시간이 지날수록 몸도 마음도 지쳐갔다. 네팔 감리교 감독인 나는 어깨가 무거웠다. 현지 목회자들의 생활이 너무 위태로워졌기 때문이었다. 그동안 교회에서 사역을 하긴 했지만, 그들은 월급이 거의 없었다. 그런데 코로나로 인해 모든 게 막혀서 돈을 벌 수도 없었다.

"감독님, 좀 도와주세요."

하루에도 수십 명의 목회자가 내게 연락해서 심정을 토로했다. 코로나는 정치·경제·사회·문화 그리고 종교, 우리의 삶 구석구석까지 치밀하게 침투해 들어왔다. 또한 비대면, '거리두기'라는 상황을 초래하였고 교회에도 치명적인 영향을 미쳤다. 함께 모여서 크게 찬송하고 기도하고, 하나님을 예배하는 데 익숙해 있는 교인들에게 비대면 예배는 매우 생소했다. 모이고 싶어도 모일 수 없었다. 온라인 예배도 쉽지 않았다. 이러다가 네팔의 기독교가, 모든 교회가 사라지는 것은 아닐까? 혼란스러웠다. 이때, 꽃재교회가 네팔교회를 절망에서 구해 주었다.

"수먼 목사님, 코로나 때문에 한국도 난리인데, 네팔은 어떤가요?"

김성복 목사님의 연락이었다.

"목사님, 안녕하세요. 무탈하신가요? 네팔교회는 다 문을 닫았고, 가뜩이나 어려운 현지 목회자들이 살아가기가 너무 힘든 시기입니다. 아무것도 할 수가 없어요."

나는 김 목사님에게 네팔의 상황을 전하며 기도를 부탁드렸다. 며칠 후, 김 목사님께서 다시 전화하셔서 말씀하셨다.

"목사님, 저희 교회에서 네팔교회를 위해 예배를 드리면서 헌금을 했습니다. 얼마나 도움이 될지 모르겠네요."

감사하면서도 송구했다. 이렇게 늘 받기만 해도 되는 것일까. 이런 내 마음을 김 목사님은 "모두 하나님께서 하시는 일입니다. 저희는 그저 도구일 뿐이고요. 앞으로도 기도하면서 함께할 테니 모두 힘내시기를 바랍니다" 하시며 위로해 주셨다. 꽃재교회에서 보내주신 헌금으로 무려 130개 교회를 도울 수 있었다. 한 번이 아니라, 2020~2022년, 코로나 시기 내내 20여 차례에 걸쳐 정성껏 후원해 주셨다. 그래서 130개의 네팔교회가 어려운 시절을 이겨낼 수 있었다. 그 헌금은 김성복 목사님과 모든 장로님, 권사님들을 비롯한 꽃재교회 성도님들의 눈물과 헌신, 하나님 나라를 향한 비전이 담긴 기도임을 알기에 더욱 감사하고 소중했다. 코로나는 우리 모두를 힘들게 했지만, 한편으로는 위기 속에서 함께 하시는 하나님의 임재와 은혜를 경험하게 했다. 그 이후로도 꾸준히 후원과 기도로 함께 해주신 꽃재교회의 사랑에 네팔교회 목회자들을 대표해 감사드린다. 꽃재교회가 없었다면, 지금의 네팔교회도 없었을 것이다.

목회자 세미나는 그 후로 코로나를 지내면서 멈칫하다가 몇 년 전에 다시 시작되었다. 모두 얼마나 기다렸는지 모른다. 올해(2024)는 6월 4일부터 6일, 네팔 감리교 본부에서 목회자 세미나를 가졌다. 지방에서 꼬박 하루, 혹은 그 이상이 걸려서 참석할 정도로 관심과 열정이 대단했다. 세미나는 예배와 성경공부, 설교에 관한 강의를 비롯한 다양한 프로그램으로 진행했다. 오가는 교통비, 2박 3일간 먹고 자는 것 등의 모든 경비를 본부에서 부담한다. 다들 너무 가난하기 때문이다. 그렇다고 본부 예산이 넉넉한가? 그렇지 않다. 하지만 네팔 목회자들에게 교육과 훈련이 꼭 필요하기 때문에 안 할 수가 없고, 하나님께서 그걸 아시는지 늘 재정을 채워주셨다.

이번에도 역시 한국 감리교회에서 큰 힘이 되어주셨다. 모든 경비를 후원해주셨고, 춘천 창대교회 이성신 목사님과 조미진 사모님, 새소망교회 한태수 목사님께서 오셔서 특별 강의를 해주셨다. 한국교회 부흥의 역사와 성경을 시간으로 재배치해서 역사의 흐름을 살펴보면서 공부할 수 있는 재밌고 귀한 시간이었다. 멀리까지 오셔서 현지 목회자들에게 큰 위로와 힘을

2024 목회자 세미나에 열심으로 참여한 사역자들

주서서 얼마나 감사했는지 모른다. 참석한 목회자들 모두 많은 공부와 도전이 되었다면서 고마워했다. 더디지만 조금씩 앞으로 나아가고 있는 네팔교회의 모습을 느낄 수 있었다. 모든 것이 하나님의 은혜요, 축복이다.

30
소피아의 선택

"아빠 엄마, 저 신학대학교 갈게요."

딸 소피아가 한동안 고민하더니 말했다. 우리는 소피아를 갖게 되면서 소망이 있었다. 국경과 언어에 구애받지 않고, 하나님의 사역을 할 수 있는 사람, 하나님께 쓰임 받는 도구가 되도록 인도해주시기를 기도해왔다. 하지만 행여나 소피아가 부담스러워할 것 같아서 겉으로 얘기한 적은 없었다. 그런데 딸이 먼저 하나님의 일을 하고 싶다고 밝힌 것이다. 우리는 그 마음이 기특하고 고마웠다. 쉽지 않으리라는 것도 알았지만 적극적으로 지원해주기로 했다. 소피아는 한국에서 태어나서 6살 무렵 네팔에 이민을 온 아이다. 아직 국적도 한국으로 되어 있다. 한국어가 모국어인 소피아는 네팔에서 학창시절을 보내면서 네팔어와 영어도 구사할 수 있게 되었다. 그래서 대학을 한국으로, 감리교신학대학교로 가기로 결정했다.

올해 신입생으로 입학한 소피아는 생각보다 더 잘 적응하고 있는 것 같다. 독립할 정도로 많이 성장했다는 것에 고마우면서 가끔은 어떤 일이 생겼을 때 바로 가줄 수 없어서 미안하기도 하다. 특히 딸이 아플 때는 더욱 그렇다. 얼마 전에는 넘어지면서 팔에 금이 갔는데도 가서 돌봐줄 수 없었다. 그럼에도 씩씩하고 즐겁게 생활하고 있는 딸이 대견하다. 아이가 자라는 동안 사역으로 바빴던 나는 밖에서 시간을 많이 보냈다. 틈만 나면 지방을 돌며 교회와 마을을 둘러보았고, 교회와 신학교 일로 돌아다녔다. 오히려 신학교 학생들과 더 많은 시간을 보냈던 것 같다. 이런 아버지를 둔 딸이 얼마나 서운했을지, 이제서야 미안한 마음이 든다. 그래도 살갑고 정이 많은 딸이어서 아빠를 많이 이해해 주니 얼마나 고마운지. 나도 가능한 사랑 표현을 자주, 많이 해주려고 노력하고 있다.

넉넉하지 못한 형편을 알아서인지, 놀기만 해도 바쁠 1학년이 기숙사에 살면서 근로장학생으로 아르바이트를 하고 있다. 돈이 필요할 땐 아빠한테 말하라고 하는데도 자기가 쓸 것은 스스로 벌어서 쓰려고 한다면서. 그리고 주일엔 꽃재교회에서 교사로 봉사도 하고 있다. 자신이 받은 하나님의 사랑과 은혜를 그렇게라도 표현하고 싶다고 한다. 그 마음이 참 애틋하다. 소피아가 꽃재교회에서 신앙 안에서 보살핌과 말씀과 훈련으로 양육 받으며 믿음 위에 든든히 서 가고 있으니, 부모로서 더할 나위없이 감사하다.

앞으로의 꿈이 또 어떻게 바뀔지는 모르겠지만, 어디에서 무엇을 하든지 하나님의 영광을 드러내고 감사하는 삶을 살기를 늘 기도할 뿐이다. 자녀는 내 것이 아니라 하나님께서 잠시 맡기신 것이니, 하나님께서 언제나 인도하실 것을 믿는다.

나, 소피아와 아내, 조카 딕차

31

한국과 네팔 감리교회를 향한 하나님의 비전

현재 네팔 감리교는 10개 지방 417개 교회의 규모로 성장했다. 2011년 남아프리카공화국에서 열린 제19차 세계감리교대회에서 세계감리교협의회(WMC)의 회원교회가 되었고, 올해 홍콩에서 열린 제6차 아시아감리교대회를 통해 아시아감리교협의회(AMC)의 회원교회로 승인받았다. 네팔 감리교회는 카트만두에 2011년에 설립한 네팔 감리교신학교를 운영하고 있으며, BBS 과정(2년), 목회자 자녀 장학금 사업, 청년 사업, 재난구호 사업을 이끌고 있다. 여전히 네팔에서는 법적으로는 승인받지 못한 기독교이지만, 하나님께서 하나씩 인도해가시는 것을 보면서, 자유롭게 예배드리고 복음을 전할 수 있는 날이 멀지 않았음을 믿으며 기도하게 된다. 이 길 위에서 언제나 동역하며 아낌없이 후원해주는 한국교회에 늘 감사한 마음이 크다.

코로나 시기를 지나면서 그렇지 않아도 열악한 현지 교회와 목회자들의 상황이 더 나빠졌다. 정부에서는 사람들의 외출을 엄격하게 금지했다. 하루 중 시간을 정해서 아주 잠깐 집 밖을 나갈 수 있었다. 그 안에 필요한 식료품을 사거나 일을 봐야 했고, 그것도 근처에서만 가능했다. 그러니 예배드리러 교회에 모일 수 없는 것은 당연했다. 온라인 예배를 통해서 말씀과 기도의 끈을 놓지 않으려고 힘썼다. 하지만 한계가 있었다. 인터넷 사정이 좋지 않은 곳이나 스마트폰, 컴퓨터가 없는 가정에서는 그마저도 불가능했다. 소수의 성도와 온라인으로 만나 예배드려야 했지만, 그래도 감사했다. 어떤 상황에서든지, 이렇게 예배드릴 수 있다는 것 자체가 얼마나 감사한 일인가.

또한, 그때부터 지금까지 10개 지역 감리사들과 총무, 나는 매주 목요일 오전에 온라인으로 예배를 드리면서 현황 보고를 하고 있다. 감사한 일도 나누고 서로의 애로사항을 얘기하기도 한다. 필요한 것들과 기도 제목을 놓고 함께 기도하며 서로를 위로한다. 감독으로서 내가 해줄 수 있는 게 없어서 많이 미안하지만, 우리의 아버지 되시는 하나님께서 채워주시고 인도해주실 것을 믿는 마음으로 그들을 위해 기도하고 격려해준다. 어려운 상황에서도 믿음을 놓지 않고 애쓰는 목회자들에게 하나님의 평강이 늘 함께 하시기를.

 작년 11월, 이철 감독회장님이 네팔에 방문하셔서 네팔 목회자 세미나와 목사안수식을 해주셨다. 또한 현지 목회자들이 힘겨워하는 것과 필요한 것들을 직접 듣고 살펴보셨다. 그리고 올해 4월에 이철 감독회장님이 네팔 감리교 감독인 나, 총무 카드가더르 목사, 선교부 디렉터 수라지 목사, 회계 수브하스 목사를 한국으로 초청해 주셨다. 한국 감리교회와 네팔 감리교회

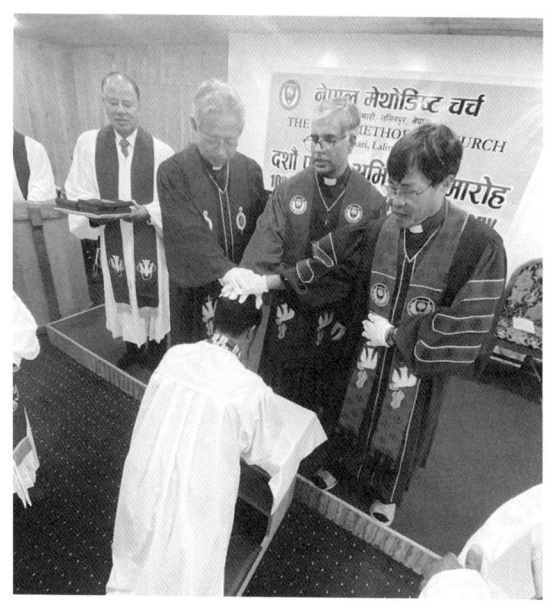

네팔 목사안수식. 이철 감독회장님과 함께

한국 감리교 본부를 방문한 네팔 감리교 임원단

간의 선교협력회의를 위해서였다. 이철 감독회장님은 우리를 격려하시면서 말씀하셨다.

"네팔 감리교회가 지금에 이르도록 헌신한 목회자들에게 감사합니다. 비록 한국교회가 선교의 동력이 약화되고 대내외적인 도전에 직면하고 있지만, 네팔과 같은 신생교회들에 대한 한국 감리교회의 책임과 선교적 부르심을 절대 간과하지 않겠습니다. 한국교회의 부흥의 역사가 제2, 제3의 아시아 국가들에서 반드시 성취되도록 한국 감리교회가 선교를 위해 더욱 깨어 기도하겠습니다."

네팔 감리교회의 총무 카드가더르 목사님은 "네팔 감리교회의 출발과 현재에 이르는 부흥과 성장에는 한국 감리교회와 파송 선교사들의 희생과 헌신에 기인합니다. 하나님께서 한국 감리교회를 형제교회로 네팔 감리교회에 허락해 주셔서 얼마나 감사한지 모릅니다. 이번 회의를 통해 선교협력 방안을 나눌 수 있는 기회가 큰 기쁨이자 은혜입니다"라는 말로 마음을 표했다.

신생교회로서 아직 많은 과제와 도전들이 있지만 네팔교

회는 계속 부흥하고 성장하고 있다. 그러나 현지 목회자들에 대한 계속된 훈련과 연장 교육의 필요성, 목회자 자녀와 신학생을 위한 장학 사업, 농촌 및 도서 벽지 목회자들의 생활비 지원, 젊은 세대를 위한 양육 프로그램과 사업, 지속적인 네팔 복음화를 위한 전도 사업의 개발 등에 대한 계획이 꾸준히 요구되고 있다. 이 일을 위해 한국 감리교회가 더 나아가 한국교회가 기도와 후원으로 함께 해주기를 소망한다.

우리 일행은 한국 감리교회의 환대로 즐겁고 편안하게 일정을 마치고 네팔로 돌아올 수 있었다. 우리를 초청해주신 한국 감리교회와 수시로 식사와 교회 방문을 허락해 주신 모든 교회와 성도님들에게 감사드린다.

32

믿음의 가족을 꿈꾼다

우리 교회는 지난 6월 1일에 창립기념 예배를 드렸다. 2011년 6월 4일에 첫 예배를 드린 지 13년째가 되었다. 찬양단의 찬양과 아내가 드린 감사기도, 하나님의 은혜임을 고백하며 감사했던 설교, 다 함께 풍성하게 나눈 식탁과 교제까지 너무나

네팔 세계선교교회 예배 모습

세계선교교회 창립 예배 중 성만찬

감동적이고 마음이 벅찼다. 작은 월세방에서 시작했던 세계선교교회가 이제는 어엿한 모교회가 되어서 9개의 지교회가 생겼다. 가까운 곳은 차를 타고 40분이면 가지만, 버스로 26시간을 가야 하는 깊은 시골 마을에도 교회를 세웠다. 하나님의 사명을 받은 사역자들이 믿음으로 함께 해주기에 가능한 일이었다. 먼데다가 길이 좋지 않아서 오가는 것 자체가 몸으로는 고된 일이지만, 지교회에 방문하는 일을 게을리하지 않는 것은 나 역시 어렵고 힘들 때 도움을 받았기 때문이다. 그 관심과 기도, 후원으로 나도 그 시기를 견딜 수 있었다. 아직도 기독교를 핍박하는 나라에서 기독교인으로 살아가야 하니, 얼마나 고될 것인가. 나도 겪어봤기에 내가 그들에게 조금이라도 위로가 될 수 있다면, 하는 마음으로 때때로 찾아가서 함께 예배를 드리고 위로해주려고 힘쓰고 있다. 우리는 2030년까지 6개의 지교회를 더 건축하려고 계획하고 있다. 교회 성도들의 믿음도 나날이 단단해지고 있어서 그 일을 위해 늘 기도하며 힘을 모으고 있다.

6월 7일은 정말, 뿌듯하고 감격스러운 날이었다. 제11회 네팔 감리교신학대학교 졸업식이 열렸다. 차비가 없어서, 학비가 없어서 학교에 다닐 수 없었던 아이들이 3년, 4년간 공부에 집중할 수 있었던 것은 모두 한국 감리교회의 후원 덕분이었다. 갓 입학했을 때보다 믿음과 생각, 육체도 성장한 모습으로

졸업 예배에서 찬양을 인도하는 워십팀

네팔 감리교신학대학교 졸업식에서 재학생들의 축하공연

졸업식 후, 신학교 모든 교수님, 직원, 졸업생들과 내빈들

감사 인사를 하는 모습을 보면서 눈시울이 뜨거워지면서 심장이 뛰었다. 이 학생들이 네팔이 하나님 나라로 확장되는 사역에 쓰임을 받는다면, 이보다 더 귀하고 감사한 일이 있을까. 교수님들과 직원, 학부모님들이 한자리에서 하나님께 감사와 영광을 드리고 축하했다. 이것도 저것도 모두 하나님의 은혜라는 말밖에 할 수 없었다.

그리고 정말 감사했던 순간이 있었다. 시골에 사는 여동생 2명이 우리 집에 와서 며칠을 머물렀다. 한 4년 만에 만난 것 같다. 바로 아래 여동생은 집안 형편 때문에 일찍 시집을 가서 고생을 많이 했다. 다른 여동생도 비슷하다. 동생들은 카트만두에 있는 자녀들과 친척들을 만나면서 여러 곳을 구경하러 다녔다. 한국 식당에 가서 처음으로 한국식 밥을 먹어보기도 했다. 매우 맛있어하며 흥미로워했다. 동생들이 우리 집에 온 것을 알고 근처에 있는 다른 동생들과 작은어머니와 이모, 조카들도 왔다. 그래서 올해 교회창립 예배를 모두 함께 드렸다! 동생들과 작은어머니, 이모는 예배는 물론이고 평생 처음으로 교회라는 공간에 들어와 보았다. 예배 시간이 지루했을 텐데도 끝까지 참고 집중하는 모습이 고마웠다. 예배 후에 아내가 소감을 물어보니, 처음이었는데 좋았다면서 웃어주었다. 이모가 말씀하셨다.

작은어머니, 이모를 비롯한 형제자매와 조카들의 교회 방문

"수면이 설교하는 것을 보면서 너희 아버지 생각이 많이 났어. 말씀도 참 잘하셨고, 동네 사람들에게 좋은 말로 위로해주고 격려해주는 분이었거든. 그런 걸 수면이 닮았구나. 이 시대에 사람들에게 좋은 말, 힘이 되는 말을 해주고 있으니 말이야. 교회가 이런 곳인지 처음 알았네."

그 말이 진심일 수도 있고, 나를 위로하려는 말일 수도 있지만, 그저 고마웠다. 정말 싫으면 예배에 참석 안 하고 집에 있어도 됐으니까. 나를 보면서 아버지가 생각나셨다는 이모의 말씀에 기분이 좋으면서도 책임감이 느껴졌다. 한 자리에 이렇게 많은 가족이 모인 게 얼마 만이었는지. 어려웠던 시절을 이야기하면서 이제는 함께 웃을 수 있는 시간이 정말 감격스러웠다. 하나님께 감사했다. 아직은 하나님을 주로 고백하지 않지만 이제 첫걸음을 뗐다고, 주께서 우리 가족을 믿음의 가족으로 만들어 주시기를 어느 때보다 간절히 기도했다.

에필로그

네팔의 태양이 솟아오르듯이

새벽잠을 떨치고 길을 나섰다. 아직 어둡고 차가운 도시의 스산함이 몸을 웅크리게 했다. 넓은 도로가 끝나자 좁은 오르막길이 시작되었다. 구불구불 산등성이를 따라서 가파른 길이 저 높이, 사랑콧 전망대로 이어지고 있었다. 길 위에는 수많은 택시와 관광객들, 하나라도 더 팔아보려고 졸린 눈을 비비며 가게 문을 열어 놓은 동네 주민들로 북적거렸다. 전망대에 도착하니 벌써 많은 사람이 적당한 위치에 자리를 잡고 일행들과 웃으며 이야기를 나누고 있었다. 뭐가 그리 신나는지 떠들썩한 사람들, 조용하게 하늘만 쳐다보고 있는 사람들, 이쪽저쪽 사진을 찍는 사람들. 아직 해는 뜨지 않았지만 조금씩 어둠이 가시고 있었다. 이윽고 저 멀리 하얀 눈이 쌓인 히말라야 봉우리들이 모습을 드러냈다. 어렸을 때부터 보아오던, 언제나 묵묵하게 자리를 지키고 있는 봉우리들이다. 구름이 많은 계절에는 그 모습을 잘 드러내지 않지만, 지금 같은 계절에는 웅장하고 신비로운 모습을 한껏 드러낸다.

지금까지 여러 사건과 사고, 힘들고 어려웠던 일들이 많았음에도 불구하고 주의 은혜로 여기까지 올 수 있었다. 돌이켜 생각해보면 인생의 전환점마다 하나님이 개입하고 계셨다. 처음의 계획이 수정되어 한국으로 돈을 벌러 가게 된 것은 나를 교회로 인도하기 위한 하나님의 섬세하고 깊은 계획의 시작이었다. 임금을 떼인 스트레스로 매일 마신 술 때문에 위에 구멍이 나서 병원 신세를 지게 된 것도, 비밀로 하고 싶었던 예수님 영접이 만천하에 공개된 사건도, 순식간에 불법체류자가 되어 오도 가도 못 하는 신세가 된 것도 그분의 계획이었다. 그 사이에 나는 신학교에 다니기 시작했고, 인생의 반려자를 만날 수 있었다. 스스로 삶을 끊으려고 할 때 주님이 나를 찾아오지 않으셨다면, 물질의 궁핍함과 인생의 어려움이 없었다면, 하나님이 내게 믿음의 사람들을 보내주지 않았다면 나는 어떻게 되었을까.

옅은 구름 사이로 해가 얼굴을 내밀었다. 가장 높은 산꼭

대기가 점점 밝아졌다. 해는 나타났다 숨기를 반복하더니 마침내 힘껏 떠올랐다. 동쪽 하늘이 붉게 물들었다. 처음엔 하늘이라는 거대한 눈이 끔뻑거리면서 주저하는 것 같았는데 갑자기 확, 눈을 크게 뜨는 것처럼 순식간이었다. 시끄럽던 주변이 고요해졌다. 누군가에게는 아무 의미 없는 단순한 모습일지도 모른다. 어제와 똑같은 하루를 시작하게 하는, 단순한 해일지도 모른다. 그런데 눈에서 뜨거운 눈물이 흘렀다. 부드러우면서 강하게 떠오르는 해를 바라봤을 뿐인데. 구름에 가리운 것 같았으나 온 힘을 다해 태양이 떠오른 것처럼, 네팔 땅에도 언제고 하나님의 빛이 가득 비추일 것이라고 말하는 듯 했다. 그것은 희망이요, 예언이었다.

네팔에서 세계선교교회를 개척한 지 13년이 지나고 있고, 네팔신학교에서는 총장을, 네팔 감리교단에서는 감독을 맡고 있다. 모두 능력 밖의 일이나, 주님의 뜻과 도움으로 오늘에 이르렀다. 요즘에도 전화는 물론이고, 감리교본부로 찾아오는 현지 목회자들이 많다.

"감독님, 교회 좀 지어 주세요."
"후원 좀 해주세요."

그들의 사정을 너무나 잘 안다. 격려와 기도를 해준 후에 그냥 돌려보낼 수밖에 없어서 안타깝고 미안하다. 신학교 방학 동안에는 신입생을 모집하기 위해서 지방으로 청년 집회를 하러 가기도 한다. 돈도 없지만, 신학교가 있는지 몰라서 못 오는 청년들도 많기 때문이다.

몇 년 후면 총장과 감독의 자리에서 내려올 것이다. 그동안에 신학교와 교단을 더 든든하게 하고, 사역자들을 더 훈련해서 네팔에 하나님의 교회가 더 많아지도록 온 힘을 다하려고 한다. 그 후에는 우리 교회와 지교회 건축에 더욱 집중하면서 지방에 다니면서 집회를 할 것이다. 더 능력과 기회가 된다면 네팔 청년들의 일자리를 만들어 주고 싶다. 식당이나 카페, 악기사 같은 것을 청년들이 운영하게 해서 해외에 나가려고만 하지 않고, 현지에서 자립할 수 있는 힘을 키울 수 있도록 돕고 싶다.

요즘 주변에서 은퇴 준비해야 하지 않느냐고들 한다. 지금까지 그랬듯이 내 손에 쥔 것 없어도 하나님께서 책임져 주실 것을 믿는다. 나에게 주어지는 모든 것은 내 것이 아니라, 나누라고 주시는 것임을 안다. 나를 통해 한 명의 신학생이 성장하고, 한 목회자가 자립하고, 네팔교회가 더 든든해진다면, 그것이 하나님의 도구로서 역할을 다하는 것이라고 생각한다. 가진 것도, 능력도 없지만 언제나 하나님만 바라보며 모든 것을 맡겼던 처음의 믿음을 잃지 않고, 앞서가시는 주님을 따라가면 두려울 것도 걱정할 것도 없다.

언제나 그랬듯이 웃으며, 매일 새롭게 시작하는 기적 같은 하루를 맞이하면서 마음속에 그릴 것이다. 이미 하나님의 나라가 된 네팔을.

지은이 수먼 고우덤

- 1972년 네팔 모라항에서 출생
- 감리교신학대학교와 동대학원 졸업
- 미국 웨슬리신학교 목회학 박사
- 기독교대한감리회 서울남연회 목사 안수
- 네팔 선교사 파송(꽃재교회)
- 네팔 감리교신학교 총장
- 네팔 감리교 감독

From Nepal Brahmin to Korean Pastor
수먼 고우덤

지은이	수먼 고우덤
글도움	정리연
펴낸이	최병천
펴낸날	2024년 9월 27일 (초판1쇄)
펴낸곳	신앙과지성사
	출판등록 제9-136 (88. 1. 13)
	주소 ǀ 서울시 서대문구 연희로 177 옥산빌딩 2층
	전화 ǀ 335-6579·323-9867·(F) 323-9866
	E-mail ǀ miral87@hanmail.net
	홈페이지 ǀ http://www.miral.co.kr

ISBN 978-89-6907-384-6　03230

값 15,000원

※ 펴낸이의 허락 없이 이 책의 전체나 부분을 어떤 수단으로도 이용할 수 없습니다.